AF544159

**Shlomo Graber**

# Dreimal dem Tod entkommen

Holocaustbild, gemalt von Shlomo Graber. 

Erläuterungen zum Bild

1. Der blaue Streifen symbolisiert den blauen Himmel, der aber mit Schwarz, einem Kamin und dessen Feuerschein bedeckt ist.
2. Die 6 Waggons stehen für 6 Millionen Opfer.
3. Der grüne Streifen symbolisiert den Boden und die Erde allgemein, die großen Teils mit Blut bedeckt ist.
4. Die Bildunterschrift rechts unten ist Shlomo Grabers Häftlingsnummer.

Shlomo Graber

# Dreimal dem Tod entkommen

## Von Ungarn durch Auschwitz-Birkenau, Fünfteichen und Görlitz nach Israel
## Jüdische Familiengeschichte
## 1859-2008

Aus dem Hebräischen von Ruth Achlama
Vorworte von Heiko Haumann und Helmut Hubacher
Herausgegeben von Erhard Roy Wiehn

Hartung-Gorre Verlag Konstanz

Umschlagvorderseite: Shlomo Graber (Foto Myrtha Hunziker);
Umschlagrückseite: Gemälde von Shlomo Graber 2000 (Foto Myrtha Hunziker);
Druck: BoD GmbH Norderstedt, Germany.

Bibliografische Information Der Deutschen Nationalbibliothek

Die Deutsche Nationalbibliothek verzeichnet diese Publikation in der Deutschen Nationalbibliografie; detaillierte bibliografische Daten sind im Internet über <http://dnb.dnb.de> abrufbar.


Erste Auflage 2023
Hartung-Gorre Verlag Konstanz Germany
ISBN 978-3-86628-797-6

# Inhalt

**Schlomo Graber**

# Als ob es erst gestern geschehen wäre

Im Juni 1983 interviewte mich Menachem Michelson von der hebräischen Tageszeitung *Yedioth Aharonot* über meine Zeit in den Konzentrationslagern. Im Verlauf des Interviews fragte mich der Journalist, warum ich meine Erlebnisse aus der Schoáh nicht niedergeschrieben habe. Er fände es wichtig, davon zu berichten, ehe die Erinnerungen sich verwischen.

Diese Herausforderung habe ich angenommen. Ich beschloß, meine Lebensgeschichte zu erzählen, angefangen bei meiner Kindheit in einem jüdischen Städtchen. Aber erst nach jahrelangen Recherchen gelang es mir, die Geschichte meiner Familie bis zum Beginn des Holocaust mehr oder weniger vollständig zu rekonstruieren. Leider haben nur sehr wenige meiner Verwandten die Schoáh überlebt.

Väterlicherseits haben von 34 Angehörigen der Familie Graber zwei überlebt: mein Vater und ich.

Mütterlicherseits haben von 55 Angehörigen der Familie Silber 10 überlebt.

Es ist nicht leicht, 60 Jahre zurückzuverfolgen. Das gilt zumal dann, wenn kaum noch Dokumente oder Augenzeugen vorhanden sind. Doch wie durch ein Wunder konnte ich mich bei intensiver Gedächtnisanstrengung plötzlich so lebhaft an Geschichten und Ereignisse aus der fernen Vergangenheit erinnern, als seien sie erst gestern geschehen.

Manche Dinge, die ich hier wiedergebe, hat meine Mutter mir noch erzählt. Andere habe ich von meinem Onkel Zwi erfahren, einem Bruder meiner Mutter, der bereits in den dreißiger Jahren nach Palästina ausgewandert war und dabei einige Dokumente und Familienfotos mitgenommen hatte. Bei ihm fand ich Briefe, die meine Mutter ihm bis zu Beginn des Holocaust geschrieben hatte, sowie Bilder von ihr und meinen Geschwistern.

Meine Erinnerungen widme ich meinen Kindern: Rami, Chanan und Judit; meinen Enkelkindern: Roí, Liran, Idan, Nir, Michal und Noa; und meiner Lebensgefährtin Myrtha, ohne deren Ermutigung diese Memoiren nicht zu Ende geschrieben worden wären. Ich danke Frau Dr. Dorothee Schulz für letzte Korrekturen.

Basel, im November 2001

*"Du wirst in Lebensgefahr schweben,*
*bei Nacht und bei Tag erschrecken*
*und deines Lebens nicht mehr sicher sein.*
*Am Morgen wirst du sagen:*
*Wenn es doch schon Abend wäre!*
*Und am Abend:*
*Wenn es doch schon Morgen wäre!*
*Um dem Schrecken zu entfliehen,*
*der dein Herz befällt,*
*und dem Anblick,*
*der sich deinen Augen bietet."*
(5 Mose 28, 66-67)

והיו חייך תלאים לך מנגד,
ופחדת לילה ויומם ולא תאמין בחייך:
בבוקר תאמר: מי-יתן ערב!
והערב תאמר:מי-יתן בוקר!
מפחד לבבך אשר תפחד
וממראה עינך אשר תראה:

***meiner Familie zum Gedenken,***
***die in Auschwitz vernichtet wurde:***

***meine Mutter Anna (Hana) - 46 Jahre,***
***mein Bruder Bernard (Dov) - 13 Jahre,***
***meine Schwester Lili (Sara Leah) - 12 Jahre,***
***mein Bruder Izsak (Itzhak) - 9 Jahre,***
***mein Bruder Jenö (Levy) - 7 Jahre***

(Siehe S. 145-147)

**Heiko Haumann**

# Die Erfahrung des Todes

Wie ein Fenster nach dem anderen zu öffnen sei es gewesen, als er 1983 begonnen habe, seine Erinnerungen nicht nur in sich arbeiten zu lassen, sondern sie öffentlich zu machen. So antwortete Schlomo Graber am 5. Dezember 2001 auf eine Frage aus dem Kreis der Studierenden am Historischen Seminar der Universität Basel, wie es ihm denn gelungen sei, nach so vielen Jahren präzise die damaligen Ereignisse zu rekonstruieren. Zuvor hatte er seine Geschichte geschildert: kurz seine Kindheit und Jugend in Ungarn, ausführlich dann die Deportationen und vor allem das Überleben in Auschwitz und Görlitz. Mit großer Bewegung hatten wir ihm alle zugehört. Eine Diskussion schien zunächst gar nicht möglich zu sein. Dann kamen Fragen nach der Erinnerung. Fast vierzig Jahre hatte Schlomo Graber geschwiegen. Er wollte keine traumatischen Erfahrungen weitergeben. Doch dann sah er es als seine Pflicht an, alles zu tun, um aufzuklären und mitzuhelfen, daß sich immer mehr Menschen gegen Rassismus und Antisemitismus stellen. Und es zeigte sich, daß er in der Lage war, von den Schlüsselpunkten aus, die ihm im Gedächtnis haften geblieben waren, sein Leben wiederzugeben.

Schlomo Grabers Erinnerungen sind ein wichtiges Buch. Als unschätzbares Zeugnis vermitteln sie uns ein Bild des Alltags, auch ein Bild vom Zusammenleben von Juden und Nichtjuden, das manches Klischee in Frage stellt. Im Mittelpunkt steht die Erfahrung des Todes, lesen wir von den Zufällen, die das Überleben im Lager ermöglichten, erfahren aber auch, wieviel vom eigenen Willen und von der Nähe zu anderen Menschen abhing. Die Beziehungen Schlomo Grabers zu seinem Vater, wie sie aufeinander angewiesen waren und dadurch mehrfach ihr Leben gerettet wurde, sind vielleicht die eindrücklichsten Passagen des Buches. Sichtbar wird nicht zuletzt, was Erinnerung für das eigene Leben bedeutet. Damit umzugehen, legt uns eine große Verantwortung auf. In diesem Sinne sind dem Buch zahlreiche Leserinnen und Leser zu wünschen.

Basel, im Januar 2002

**Helmut Hubacher**

# Durch die Hölle gegangen

Es ist ein außergewöhnliches Buch. Geschrieben hat es nicht ein sogenannter Prominenter, einer, nach dem sich die Leute umdrehen. Er ist keine Berühmtheit, sondern "nur" ein ganz großer Mann.

Die Größe eines Menschen bestimmen weder Titel noch Bekanntheit. Auch die gerne zitierten verborgenen inneren Werte können nicht gewogen und nicht gemessen werden. Die Bewährungsprobe, zu was sie wirklich taugen, ist kein Examen, auf das man sich vorbereiten kann. Sie kommt unerwartet, oft brutal hart. Vermutlich ist sie nur mit einer Mischung von verwegener Tapferkeit, übermenschlicher Kraft und beispiellosem Mut zu überstehen. Wer Schlomo Graber und sein Leben nicht kennt, wird Mühe haben, mich zu verstehen. Nach der Lektüre dann nicht mehr.

Was Schlomo Graber ausgehalten und durchgestanden hat, übersteigt mein Vorstellungsvermögen. Über die Hölle wird viel geredet, und niemand kennt sie. Er ist durch sie gegangen. Deshalb genießt er sein zweites Leben.

Schlomo Graber ist ein fast überbordender Optimist, mit fröhlicher Ausstrahlung und nachdenklichem Gemüt. Eine Intensität, wie er sie vorlebt, gelingt wohl nur, weil er überlebt hat, als es eigentlich dafür keine Chance mehr gab. Er hat das Trauma überwunden und neue Lebenslust gewonnen. Er erinnert an die von Ben Gurion, dem ersten Regierungschef Israels, so wunderbar formulierten Worte: "Wer nicht an Wunder glaubt, ist kein Realist."

Basel, 12. Januar 2002

**Erhard Roy Wiehn**

# Hommage und Dokumentation

Schlomo Grabers Familiengeschichte hat es in sich. Seine Vorfahren stammen aus Polen, er selbst wird in den Karpaten geboren, südöstlich der Grenzstadt Uschgorod, heute ukrainisch, wächst aber im Nordosten Ungarns auf, und zwar unweit der rumänischen Grenze. Knapp die Hälfte seiner Erinnerungen sind eine faszinierende, lehrreiche, großartige Hommage, vor allem für seine Großväter und seine Eltern, aber auch für verschiedene Rabbis, das jüdische Leben und das Schtetl überhaupt, ein wunderbares Denkmal für eine Welt, die es nun seit fast 60 Jahren nicht mehr gibt.

Bereits im Jahre 1941 wird Schlomo zur polnischen Grenze deportiert, kommt aber wieder zurück und kann bis 1944 zu Hause verbleiben. Am 19. März 1944 besetzt die deutsche Wehrmacht Ungarn, sofort beginnen judenfeindliche Maßnahmen, bald kommt der Arbeitsdienst, am 25. Mai 1944 dann der Deportationsbefehl. An der Rampe von Auschwitz-Birkenau wird die Familie für immer getrennt, Schlomo und sein Vater überstehen die Selektion, werden bald ins Arbeitslager "Fünfteichen", ein Nebenlager von Groß-Rosen in Niederschlesien, verlegt und von dort nach Görlitz. Schlomo Grabers ebenso präzisen wie sachlichen, gelegentlich sogar humorigen Erinnerungen auch an mancherlei Zeitgenossen sind ein weiterer gewichtiger Beitrag zum schwarzen Mosaik der Auschwitz-Dokumentation, die wohl niemals vollendet werden kann. - Schlomos Mutter, drei Brüder und eine Schwester (über die man gerne mehr erfahren hätte), insgesamt 45 Angehörige mütterlicherseits und 32 Angehörige väterlicherseits werden ermordet.

Schlomo Graber erlebt endlich am 2. Mai 1945 die Befreiung, versucht zurückzukehren, wohin er jedoch nie mehr gelangen kann, weil seine alte jüdische Welt innerhalb eines Jahres total vernichtet worden war. Ein neues Leben in Ungarn ist schwer und scheint bald überhaupt nur in Israel möglich. Schlomo erhält in der Tschechoslowakei eine militärische Ausbildung, kommt dann am 23. September 1948 nach Tel Aviv und wird sofort in die neue israelische Armee einberufen. Hier gibt es Ernstes und manchmal auch Heiteres. Vor allem läßt dieses Kapitel grade heute einmal mehr erahnen, wie unendlich schwer der Staat Israel erkämpft werden mußte. Nach langem Militärdienst kann endlich ein normales, wenngleich nicht ganz leichtes Leben beginnen, das zuletzt schließlich in die Schweiz führt. Alles in allem ziemlich viel für ein einziges Menschenleben. Ein jüdisches Leben.

Herzlich zu danken ist Schlomo Graber für seine wertvolle Erinnerungsarbeit, Professor Dr. Heiko Haumann (Basel) und Nationalrat a.D. Helmut Hubacher (Schweiz) für ihre überzeugenden Vorworte, Heide Fehringer, Cornelia Künzel, Sabine Martin und Jutta Obenland für PC-Arbeiten sowie Katerina Külper für Korrekturlesen (alle im Arbeitsbereich *Shoá & Judaica/Jewish Studies* an der Universität Konstanz). Die Einteilung der Abschnitte und Unterabschnitte wie auch sämtliche Überschriften wurden beibehalten wie vom Autor gewünscht, Fußnoten bei der Lektorierung eingefügt.

Unsere Edition weist nun folgende Titel über jüdische Schicksale in und aus Ungarn (in der Reihenfolge ihres Erscheinens) auf: 1) David Guttmann, *Schwierige Heimkehr - Leben und Leiden in Ungarn, dann auf der 'Exodus' und zurück über Bergen-Belsen nach Tel Aviv. Jüdische Schicksale 1944-1948* (1997); 2) Klara Rajk, *Den Kampfgeist nie verloren - Jüdische Schicksale in Ungarn 1910-1999* (2000); 3) Anna Ornstein, *Versklavung und Befreiung - Zeitgemäße Pessachgeschichten* (2001); dazu gehört ferner 4) Alexander Barzel in: Erhard Roy Wiehn und Heide Mirjam Wiehn, *Dajenu - Tagebuch einer Israelreise* (1986/87*);* zur Herkunft aus den Karpaten bzw. Transkarpatien empfehlen sich: 5) *Eitan Porat, Stimme der toten Kinder - Von den Karpaten durch Auschwitz, Nordhausen und Bergen-Belsen nach Israel 1928-1996* (1996) und 6) Rachel Bernheim-Friedmann, *Ohrringe im Keller - Von Transkarpatien durch Auschwitz-Birkenau nach Israel* (2002); schließlich zum Schtetl: 7) Victor Rusu, *Damals im Schtetl - Jüdisches Leben in Rumänien. Erlebte und überlieferte Geschichten* (2001).

Was aufgehoben, veröffentlicht und in verschiedenen Bibliotheken der Welt aufgehoben ist, wird vielleicht nicht so schnell vergessen. Lebracháh sichranáh.

Tu b'Schwat, Neujahr der Bäume 5762 - Ende Januar 2002

# Schlomo Graber

# Schlajme

Schlomo verläßt Majdan im Alter von 5 Jahren 1931

## Majdan

Das Städtchen Majdan liegt ca. 75 km südöstlich von Uschgorod in der Ukraine, also jenseits der heutigen Grenze der Ost-Slowakei, damals Bezirk Mármaroš. Zur einen Seite der Stadt erhebt sich der 1400 Meter hohe Berg Werchobina, zur anderen fließt der Rifinka. In Aussehen und Charakter hat der Ort auffallende Ähnlichkeit mit den Städtchen, die der jiddische Schriftsteller Scholem Alejchem[1] in seinen Büchern beschreibt.

Leider kann ich den Ort nicht aus eigener Anschauung schildern. Meine Familie verließ ihn bereits, als ich fünf Jahre alt war. Soviel ich weiß, wohnten im Jahr 1830 in Majdan 73 Juden, welche die erste jüdische Gemeinde am Ort gründeten und in den folgenden Jahren auch die erste Synagoge bauten. Zuvor hatten sie in einer einfachen Hütte gebetet. Aus der Volkszählung von 1941 geht hervor, daß zu dieser Zeit 830 Juden in Majdan und Umgebung lebten.

Kurz zuvor hatten ungarische Truppen mit deutscher Unterstützung Karpatorußland samt Majdan erobert. Die Ungarn kamen ihren deutschen Bündnispartnern sogar noch zuvor und deportierten 1941 die meisten Juden in das polnische Städtchen Kamenez-Podolski,[2] wo sie den Tod fanden.

Die Ortssprache war Ukrainisch. Die Juden sprachen untereinander hauptsächlich Tschechisch und Jiddisch. Viele nichtjüdische Einwohner konnten Jiddisch verstehen.

Die Gegend hatte eine wechselvolle Geschichte. Vor dem Ersten Weltkrieg gehörte sie zu Österreich-Ungarn, danach kam sie durch den Frieden von Trianon zur Tschechoslowakei.[3] 1939 wurde sie von den Ungarn erobert, nach dem Krieg der Sowjetunion angegliedert. Seit deren Zerfall gehört das Gebiet zur Ukraine.

Im Städtchen Majdan wurde ich am 13. Juli 1926 geboren. Den Namen Schlomo erhielt ich im Gedenken an meinen Urgroßvater, Reb Schlomo Silber.

---

[1] Schalom Rabbinowicz (1859 Perejaslaw-Chmelnitzkij/Ukraine - 1916 New York), Klassiker der jiddischen Literatur.

[2] Stadt in der Ukraine (südwestlich von Winniza), im August 1941 Massenmorde, meist an Juden aus Ungarn; vgl. E. Jäckel et al., Enzyklopädie des Holocaust. Band II, München 1995, S. 731f.

[3] 4.6.1920

## Großvater Itzhak Silber (Reb Itze)

Mein Großvater mütterlicherseits, Reb Itzhak Silber, war mehr unter seinem Kosenamen "Reb Itze" bekannt (siehe S. 143). Er wurde 1859 in Berżan (Galizien/Polen) geboren. Schon mit acht Jahren verwaist, wuchs er beim Rabbi von Berżan auf. Im Lauf der Zeit gelang es ihm, das Wohlwollen der Anhänger des Rabbis zu gewinnen, zumal er sich intensiv dem Talmudstudium widmete. Außerdem studierte er die Feinheiten der heiligen Sprache. Obwohl seine Muttersprache Jiddisch war, korrespondierte er hauptsächlich auf Hebräisch. Als Jüngling schlief er nachts auf einer Sitzbank und stand in aller Frühe auf, um am Unterricht des Rabbis teilzunehmen. Schon in seiner Jugend achtete und ehrte man ihn wegen seiner Gelehrsamkeit. In weltlichen Fächern war Großvater Autodidakt, wobei er einen wachsenden Hang zu den Künsten und zu Fremdsprachen zeigte.

Er heiratete Sara Leah, Tochter des Abraham-Josef Steinmetz aus dem Städtchen Dibwa (in der Gegend von Majdan). Ihnen wurden neun Kinder geboren: Alter, Schlomo, Jakob, Esra, Hana, Malka, Zwi-Herschel, Baruch, Rivka. Die Söhne verließen schon jung das Elternhaus, um eine Jeschiwa zu besuchen. Neben dem Talmudstudium erwarben auch sie weltliche Bildung und Fremdsprachenkenntnisse.

Mein Großvater war ein äußerst stattlicher Mann. Ich erinnere ihn als Sechzigjährigen. Mit seiner eindrucksvollen Erscheinung faszinierte er seine Umgebung, einschließlich der nichtjüdischen Einwohner. Sein gepflegter weißer Bart verlieh seinem Gesicht besondere Würde. Die blauen Augen zeugten von Wohlwollen und Güte. Er war hoch angesehen und beliebt in den jüdischen Gemeinden der umliegenden Städtchen. Großvater kleidete sich nach Art der Chassiden.[4] Er trug einen breitkrempigen schwarzen Samthut, unter dem der Rand seines schwarzen Käppchens hervorlugte, einen schwarzen Kaftan mit dem Schaufädenleibchen (dem "kleinen Tallit"[5]) darunter und Hosen, deren Krempen er in die weißen Strümpfe steckte. Er achtete sehr auf saubere und ordentliche Kleidung.

Als der Rabbi von Majdan in den zwanziger Jahren verstarb, holte die Gemeinde keinen Ersatzmann von außerhalb, da man einfach keinen brauchte: Reb[6] Itze erfüllte die Aufgabe bestens. Er fungierte auch als Schächter,

---

[4] "Fromme", Anhänger der chassidischen Bewegung, begründet durch Israel ben Eliezer, den Ba'al Schem Tov (ca. 1700-1760) in der heutigen Südwest-Ukraine.

[5] "Tallit", Gebetsmantel oder Schal.

[6] "Herr", jiddische Anredeform für Männer.

Fleischbeschauer und Mohel (Beschneider) für Majdan und Umgebung. Wurde er zum Koscherschlachten in ein Dorf der Umgebung gerufen, legte er den Weg zu Pferd zurück. Das Messeretui steckte er dabei in den Stiefelschaft. An kalten Wintertagen trug er Pelzmantel und Pelzhut wie die Bauern.

Großvater stand im Ruf, ein vielseitig tätiger und begabter Mann zu sein. So mischte er zum Beispiel Arzneien auf pflanzlicher Basis aus natürlichen Stoffen und fertigte ein Pulver zum Stillen von Blutungen, das er bei Beschneidungen benutzte. Im Ersten Weltkrieg kam dieses Pulver dann auch bei der Behandlung verwundeter Soldaten zum Einsatz. Wenn er durch die Straßen der Stadt ging, grüßten ihn Juden wie Nichtjuden als "heiligen Mann".

Unter osteuropäischen Juden war es Sitte, zu einem kranken Kind nicht gleich einen Arzt zu rufen, sondern zunächst einen hochgeehrten Mann - einen Thoragelehrten, Rabbinatsrichter oder Schächter der Gemeinde - beizuziehen, damit er durch Beschwörungen den bösen Blick abwende. Meist wurde mein Großvater zu diesem Zweck geholt. Großvater setzte sich dann ans Krankenbett und gab glühende Kohlen in ein Wasserglas. Schwammen die Kohlen oben, bedeutete es, daß das Kind nicht unter dem bösen Blick litt, sanken sie jedoch auf den Boden, war es mit dem bösen Blick behaftet. Die Menschen suchten ihre Kinder vor dem bösen Blick zu schützen. Bei jedem Ausdruck der Bewunderung und jedem Kompliment fügten sie hastig die Formel "ohne bösen Blick" hinzu.

Großvater hatte eine Tasche ähnlich den Instrumententaschen, die Ärzte zu Hausbesuchen mitnehmen. Sie enthielt eine Reihe Schröpfgläser und andere Utensilien. Die Schröpfgläser setzte er Patienten auf den Rücken, die an Erkältung oder Rückenschmerzen litten. Daraufhin hieß es unter Juden: "Ss wet helfn wie Toiten Bankes!" ("Es wird helfen wie Schröpfgläser bei einem Toten."). Bei den Gojim galt er jedoch als Wunderheiler, der ihren Kranken als Einziger helfen konnte.

Eines Tages erschien im Hause meines Großvaters ein Bauer in Begleitung seiner Tochter. Das junge Mädchen schluchzte und stöhnte vor Schmerzen, konnte kaum auf den Beinen stehen. Der Bauer bat meinen Großvater um Hilfe. Der Großvater verwies ihn an den Arzt des Städtchens. Doch der Bauer meinte stur, nur mein Großvater solle sie behandeln. Als Großvater merkte, daß er die beiden nicht ohne weiteres loswerden konnte, bat er das Mädchen, sich auf eine Holzbank zu legen, und diagnostizierte sofort einen verrenkten Fuß. Um sie abzulenken, nahm er erst den gesunden Fuß, drehte ihn hin und her, fragte ständig: "Tut es weh? Tut es weh?", packte dann im Nu den schmerzenden Fuß, drehte ihn und hörte es knacken. Das Mädchen hörte zu weinen auf. Mein Großvater riet ihr, eine Woche zu ruhen, und versprach ihr, daß alles wieder gut werden würde. Der Bauer wollte sich für die Behandlung erkenntlich zeigen, aber mein Großvater weigerte sich, jedwede Gegenleistung anzunehmen. Am nächsten Tag kam die Frau des Bauern mit einem Korb voller Lebensmittel und stellte ihn meinem Großvater vor die Haustür, wohl wissend, daß er die Gabe nicht annehmen würde, wenn sie sie hineinbrächte.

Großvater war auch ein begnadeter Künstler mit ausgeprägter Zeichenbegabung. Zu seinen zahlreichen Werken zählte eine Landkarte auf Pergament, welche die Eroberung des Landes Israel durch Josua darstellte. Er hatte sie 1883 im Alter von 24 Jahren gezeichnet. Auf der einen Seite der Karte waren die 108 Ortsbezeichnungen, von der Wüste Zin bis Jafo, aufgeführt. Die andere Seite verzeichnete das Gebiet eines jeden biblischen Stammes mit einer anderen Farbe. Die Farben hatte er selbst aus natürlichen Stoffen hergestellt.

Als er noch die Jeschiwa besuchte, stand er, wie gesagt, in aller Frühe auf, um am Unterricht des Rabbis teilzunehmen. Da er seinerzeit keinen Wecker besaß, machte er sich selber einen. Er schnitzte die Bestandteile des Uhrwerks aus Holz, fügte den Weckmechanismus ein und befestigte zwei Bänder daran, das eine verband er mit dem Uhrengewicht, das zweite knotete er sich ums Handgelenk. Zur geplanten Weckzeit fiel das Gewicht und das andere Band zerrte ihn am Arm, so daß er aufwachte.

Mit 15 Jahren besuchte er die Jeschiwa.[7] Der Schulleiter wußte die Begabungen seines Schülers zu schätzen. Eines Tages sagte er, er wolle ihm etwas zeigen. Er führte ihn in sein Zimmer, zeigte ihm ein Weizenkorn, auf dem winzige Buchstaben standen, und erzählte ihm, ein jüdischer Reisender von weither sei zu ihm gekommen und habe ihm statt eines "Kwittels" (Zettels) dieses Körnchen überreicht. (Es ist Brauch, daß ein Jude, der einen Rabbi aufsucht, diesem einen Zettel mit seinen Bitten übergibt und eine bescheidene Spende beilegt.) Der Rabbi fragte meinen Großvater: "Itzele, kannst du auch so ein wunderbares Werk anfertigen?" Itzele schwieg, aber eine Woche später überreichte er ihm ein Weizenkorn mit noch viel kleineren Buchstaben als auf dem Korn, das der Gast mitgebracht hatte.

Jahre vergingen nach der Geschichte mit dem Weizenkorn. Mein Großvater fungierte nun als Schächter von Majdan. Bei der Lektüre eines Buches traf er zufällig auf eine interessante religionsgesetzliche Frage: Darf man während der Pessach[8]-Woche ein Weizenkorn als Ziergegenstand im Haus aufbewah-

[7] Jüdische Religionsschule für Jugendliche und Erwachsene.

[8] Pessach, jüdisches "Osterfest", einwöchiges Fest. Bei dem des Auszugs aus Ägyptengedacht wird.

ren, ohne damit gegen das Verbot zu verstoßen, Gesäuertes in Besitz zu haben? Zwar war solch ein Weizenkorn nicht zum Verzehr geeignet, aber... Da fiel ihm plötzlich das Weizenkorn ein, das er in seiner Jugend beschriftet hatte. Er beschloß, ein ähnliches Korn anzufertigen und schrieb darauf die hebräischen Namen der sieben Wochentage, der 12 Stämme, der drei Erzväter und seine Unterschrift - insgesamt 114 Buchstaben. Dieses Werk bewahrte er in einem Glaskästchen auf.

Im Ersten Weltkrieg wurde Majdan von russischen Truppen besetzt. Die Soldaten durchsuchten Haus für Haus nach Lebensmittelvorräten. Fanden sie solch ein Versteck, beschlagnahmten sie den gesamten Inhalt. Sie kamen auch zum Haus meines Großvaters. Der Offizier, der den Suchtrupp leitete, entdeckte eine Klappe im Fußboden und fragte meinen Großvater, was sich darunter verberge. "Alte Bücher", antwortete Großvater. Der Offizier befahl den Soldaten, das Versteck auszuräumen. Dabei entdeckte er das Glaskästchen mit dem Weizenkorn. Der Offizier erkannte sofort, welch seltener Schatz ihm da in die Hände gefallen war. Er nahm das Kästchen mit und bemerkte beiläufig: "Das wird dem Museum in Kiew übergeben!"[9] Dabei gehörte Kiew zur Ukraine.

Im Ersten Weltkrieg diente sein Sohn Schlomo im österreichisch-ungarischen Heer Seiner Majestät Kaiser Franz Josephs.[10] Er kämpfte an der Front und wurde mit dem "Front-Harcos" (Frontkämpfer)-Orden ausgezeichnet. Als man einmal lange Zeit nichts von ihm hörte, befürchtete man, er sei in Gefangenschaft geraten. Schließlich traf jedoch ein Telegramm von ihm ein, in dem er mitteilte, daß er einen kurzen Urlaub erhalten habe, aber nicht nach Majdan kommen dürfe, weil die Front dort näher rücke. Allerdings hatte man ihm gestattet, die ungarische Stadt Sátoraljaújhely aufzusuchen, in der sein Bruder Alter wohnte.

Mein Großvater beschloß, nach Sátoraljaújhely zu fahren, um seinen Sohn zu besuchen. Großmutter äußerte den Wunsch, ihn zu begleiten, denn sie hätte schließlich auch ein Recht, ihren Sohn zu sehen. Doch mein Großvater wollte sie nicht mitnehmen. In jenem Jahr war der Winter besonders streng, die Schneemassen türmten sich höher denn je. Außerdem war die kleine Tochter Rivkale noch im Säuglingsalter, so daß man sie ebenfalls hätte mitnehmen müssen, und die nächste Bahnstation lag rund 40 Kilometer von Majdan ent-

[9] Inzwischen gibt es in Kiew längst ein großes, sehenswertes Museum des "Großen Vaterländischen Krieges" (des Zweiten Weltkriegs).

[10] 1830-1916 (1848/1867)

fernt. Aber alle Überzeugungsversuche halfen nichts: Großmutter und Rivka kamen mit auf die Reise. Einzig mögliches Verkehrsmittel war der Pferdeschlitten. Großvater mietete einen Zweispänner. Auf den Boden legte man heiße Backsteine, in Stoff eingewickelt, um die Füße zu wärmen.

Gegen Abend erreichten sie die Bahnstation des Städtchens Voloc. Dort stellte sich heraus, daß im Zug keine Plätze mehr frei waren. Mit Hilfe einiger Bekannter, die sie auf dem Bahnhof trafen, ergatterten sie Plätze in der ersten Klasse. Die Juden unter den Insassen des Waggons versammelten sich zum Abendgebet. Meine Großmutter nutzte die Gelegenheit, um Rivkale zu stillen. Vor dem Gebet ging Großvater auf die Toilette, und als er die Toilettentür öffnete, hörte er ein schrilles Pfeifen. Im nächsten Moment stieß die Bahn frontal mit dem Gegenzug zusammen. Großvater wurde hinausgeschleudert und erlitt eine Beinverletzung. Die Schreie der Verletzten waren markerschütternd. Großvater kroch zwischen den Hinausgeschleuderten umher, entdeckte Großmutters Kleid, und als er dann ihren Körper sah, begriff er, daß ihm ein furchtbares Unglück geschehen war. Ein Stück weiter hörte er ein Baby weinen. Er kroch in diese Richtung und fand seine Tochter Rivkale. Da sie in ein Steckkissen verpackt war, hatte sie den Sturz heil überstanden.

Die Nachricht von dem Zugunglück erreichte die Söhne Schlomo und Alter. Sie gelangten rasch an die Unglücksstelle. Die beiden wollten Großvater ins Krankenhaus bringen, aber er wehrte ab, aus Angst, dort den Schabbat entheiligen und unkoschere Nahrung essen zu müssen. Außerdem wollte er an der Beerdigung seiner Frau teilnehmen.

Unter gesetzestreuen Juden wird es nicht gern gesehen, wenn ein hochangesehener Mann, wie Reb Itze es damals war, lange Zeit allein, ohne Frau, lebt. Nach drei Jahren Witwerdasein vermittelte man ihm die Ehe mit Chaja-Etja Prisant, geborene Eisner, einer Kriegerwitwe und Mutter von sechs Kindern. Kurz vor der Hochzeit versammelte Großvater seine Familie und erklärte, er werde nun wieder heiraten, und bat seine Kinder, der neuen Frau freundlich zu begegnen und sie "Mime" (Tante) zu nennen.

Am Tag der Hochzeit kleidete Großvater Itze sich festlich, setzte die feiertägliche Fellmütze, den "Streimel", auf und fuhr in das Städtchen Lipšina, um dort unter den Hochzeitsbaldachin zu treten. Nach der Trauung kam er mit seiner neuen Frau und deren jüngstem Sohn Mendele nach Hause. Die übrigen Söhne der Mime besuchten die Jeschiwa, und die einzige Tochter wohnte bei ihrer Tante. Die sechs Kinder der Mime wanderten in den dreißiger Jahren zusammen mit meinem Onkel Zwi nach Palästina aus und eröffneten in Tel Aviv eine gut gehende Schreinerei, aus der später die bekannte Möbelfabrik

"Prima" entstand. Großvater wurden noch drei weitere Kinder geboren: Mottele, Sassil und Dresel. Die Mime war bei allen sehr beliebt, wie eine wirkliche Mutter. Meine Mutter stand in ständiger Verbindung zu ihr, bis zum Beginn der Schoáh.

Ich bin bis zum Alter von fünf Jahren beim Großvater aufgewachsen und kann mich noch an einige Ereignisse von zu Hause erinnern. Ich verehrte ihn sehr und freute mich riesig, als ich hörte, daß Großvater uns in Nyírbátor besuchen würde und ich ihn daher nach langer Zeit wiedersehen könnte. Großvater besuchte erst seinen Sohn Schlomo in Debrecen und kam dann für den Schabbat zu uns. Mutter war in heller Aufregung über den bevorstehenden Besuch, brachte das ganze Haus auf Hochglanz und kochte Großvaters Lieblingsspeisen. Am Freitag gingen wir zum Bahnhof, um den Gast abzuholen. Als Großvater aus dem Zug stieg, war meine Mutter zu Tränen gerührt. Wir nahmen die Koffer und fuhren mit der Droschke nach Hause. Nach kurzer Ruhe ging ich mit Großvater in die Mikwe.[11] Als wir dann zum Schabbatabendgottesdienst ins Bethaus kamen, hieß ihn sein alter Freund, Rabbi Naftole, herzlich willkommen und wies ihm einen Ehrenplatz zu. Beim traditionellen dritten Schabbatmahl am Ausgang des Schabbat ehrte ihn Rabbi Naftole mit der Bitte, über den Wochenabschnitt[12] zu sprechen.

Kurze Zeit, nachdem Großvater nach Majdan zurückgefahren war, fand ich Mutter eines Tages in Tränen aufgelöst, als ich aus dem Cheder, der jüdischen Grundschule, heimkam. Zuerst konnte ich gar nicht begreifen, warum sie so weinte, bis sie mir erzählte, daß Großvater verstorben sei.

Großvater starb im Alter von 74 Jahren. Sein Andenken sei gesegnet.

## Malka heiratet

Malka, Mutters hübsche jüngere Schwester, stand vor der Hochzeit mit ihrem Auserkorenen, Meir Aaron Teichmann aus dem Städtchen Volova bei Majdan. Die Hochzeit fand in der kalten, verschneiten Jahreszeit am Wohnort des Bräutigams statt. Ich war damals fünf Jahre alt und erinnere mich noch an jene Hochzeit, vor allem an die Kälte, die damals herrschte. Man suchte einen Festsaal, der eine Trennung der beiden Geschlechter zuließ, aber doch alle

[11] Rituelles Tauchbad

[12] Abschnitt aus den 5 Büchern Mose, der an dem betreffenden Tag gelesen wird.

Hochzeitgäste aufnehmen konnte, und löste das Problem dadurch, daß man für die Frauen ein Zelt neben dem Gemeindehaus aufstellte.

Aus Majdan reiste fast die ganze Gemeinde zur Hochzeit an. Es war ganz natürlich, daß alle mitfeiern wollten, wenn Reb Itzes Tochter heiratete. Auch aus dem Städtchen Volova waren viele Leute gekommen. Die Feiern dauerten sieben Tage, entsprechend den sieben Segenssprüchen. Meine Mutter half viel bei der Bewirtung, und ich hielt ihr einen Platz im Zelt frei. Wegen des Mangels an Stühlen war jeder einzelne heftig begehrt. Ich klammerte mich an Mutters Stuhl wie an die Hörner des Tempelaltars und ließ ihn selbst dann nicht los, als man ihn mir mit Gewalt entringen wollte, kämpfte wie ein Löwe. Nach der Hochzeit fuhren wir alle zusammen nach Ungarn in das Städtchen Nyírbátor, wo Vaters Familie wohnte.

Malka brachte fünf Kinder zur Welt. Leider konnten sie ihr Glück nur zehn Jahre genießen. 1941 wurde die Familie nach Polen verschleppt. Außer zwei Kindern, die fliehen konnten, wurden alle ermordet. Josséle kam bei uns unter und seine Schwester bei einer Familie im Städtchen Satmar.[13] Auch sie hatten jedoch kein langes Leben mehr, sondern wurden schließlich nach Auschwitz deportiert, von wo sie nicht zurückkehrten.

Diese Hochzeit war für mich ein Wendepunkt im Leben. Bis zu diesem Fest hatte ich nichts von der Existenz meines Vaters gewußt. Nun war er mit Mutters Brüdern Alter und Schlomo gekommen. Die beiden wollten die Gelegenheit nutzen, meine Eltern zu versöhnen, hatten ihn deshalb zur Hochzeit eingeladen und ihm mitgeteilt, daß er einen Sohn habe. Dort traf ich Vater zum erstenmal. Wie ich später von meinem Onkel Zwi erfuhr, hatten meine Eltern sich bald nach der Hochzeit getrennt. Meine Mutter war daraufhin in ihr Vaterhaus zurückgekehrt, und so wurde ich in Majdan geboren. Diese Geschichte ließ mir keine Ruhe, doch wann immer ich Vater darüber auszufragen versuchte, antwortete er ausweichend, so daß ich nichts aus ihm herausbekommen konnte.

Als ich meinen Vater etwa zwei Jahre vor seinem Tod einmal in seinem Haus in Bne Brak[14] besuchte und ihn dort allein antraf, nutzte ich die Gelegenheit zu der Bitte, mir etwas über die Affäre mit meiner Mutter zu erzählen und mir zu sagen, warum wir uns erst kennen gelernt hatten, als ich schon fünf Jahre alt war. Vater erzählte, kurz nach der Hochzeit sei ein Streit zwischen

---

[13] Satu Mare/Rumänien, im nördlichen Siebenbürgen, südöstlich von Uschgorod; vgl. E. Jäckel et al., Enzyklopädie des Holocaust. Band III, München 1995, S. 1277f.

[14] Großstadt bei Tel Aviv, 1924 durch polnische Chassidim gegründet, vor allem von religiösen Juden bewohnt.

Mutter und ihm ausgebrochen, worauf Mutter beschlossen habe, ins Haus ihres Vaters in Majdan zurückzukehren. Vater hatte nicht gewußt, daß Mutter schwanger war, als sie ihn verließ, und erfuhr dann auch nicht, daß er einen Sohn hatte, denn die Familie verheimlichte ihm meine Existenz. Ich wuchs also bis zum fünften Lebensjahr bei meinem Großvater auf, der für mich wie ein Vater war.

## Das Städtchen Nyírbátor

Das Städtchen Nyírbátor liegt im Nordosten Ungarns, rund 30 Kilometer von der rumänischen Grenze entfernt. Der Name ist eine Zusammensetzung aus zwei Wortteilen. "Nyírfa" bedeutet "Birke", die in dieser Gegend häufigste Baumart. "Bátor" steht für Stephan (István) IV. Báthory, der gegen die Türken kämpfte und 1575 König von Polen und Fürst von Siebenbürgen wurde. Báthory tat viel für die Entwicklung der Stadt. Er unterstützte die Errichtung einer reformierten Kirche und ließ daneben einen hölzernen Glockenturm bauen, der als historisches Monument bis heute steht.

Die erste jüdische Gemeinde wurde 1816 von Schimon Mandel gegründet, der einer Adelsfamilie entstammte. Die Mandels setzten Maßstäbe für den wirtschaftlichen Fortschritt von Stadt und Umgebung, als sie dort das erste Industrieunternehmen namens "Bóni" gründeten. Das Werk sollte den Ertrag der örtlichen Bauern aufnehmen und zu Brot, Spirituosen, Tabakwaren und weiteren Produkten verarbeiten.

Die jüdische Gemeinde wuchs zusehends und gewann erheblichen Einfluß auf die Wirtschaft Nyírbátors. Vor dem Holocaust waren 40% der Einwohner Juden. Die Beziehungen zur nichtjüdischen Bevölkerung waren passabel. Als erstes entstand die jüdisch-orthodoxe Gemeinde als dominantere. Später gründeten gemäßigt liberale Kreise die sogenannte "Status-quo-Gemeinde". Die beiden Synagogen standen nebeneinander und hatten einen gemeinsamen Zaun - das war aber auch die einzige Gemeinsamkeit der beiden Gemeinden.

Im Schlachthaus wurde nur Geflügel geschächtet.[15] In Nyírbátor schächtete man keine Rinder.

Die orthodoxe Gemeinde verfügte über alle notwendigen Einrichtungen: Rabbinat, Talmud-Thora-Schule, jüdische Schule, Ritualbad, Koscherschlachthaus und Beerdigungsgesellschaft. Außerdem wirkten innerhalb der Gemeinde

[15] Koscher geschlachtet.

verschiedene Studien- und Arbeitskreise, unter anderem für Wohlfahrt, gegenseitige Hilfeleistung und Finanzverwaltung. Den Vorstand bildeten der Gemeindevorsitzende, der Kassenwart, der Buchführer und der Rechnungsprüfer. Der Vorstand wurde alle paar Jahre von den Gemeindemitgliedern gewählt. Die Gemeinde beschäftigte eine größere Zahl Angestellte, die Gehalt empfingen. Das waren neben dem Rabbiner vor allem Lehrer, aber auch der Schächter, Synagogendiener, Bademeister und natürlich auch ein "Schabbesgoj".[16] Die Gemeindeeinrichtungen - Synagoge, Talmud-Thora-Schule (Cheder), "Stiebel" (Stübchen, kleiner Betraum) und die jüdische Schule - befanden sich allesamt in ein und derselben Straße im Stadtzentrum. Im Synagogenhof waren Rabbinat, Schlachthaus, Ritualbad und die Wohnung des Synagogendieners untergebracht.

Abgesehen von den beiden Synagogen gab es noch ein weiteres Bethaus, die "Klaus" oder das "Stiebel", in dem hauptsächlich die Satmarer und die Belzer Chassiden beteten.

Die Status-quo-Gemeinde hatte ihre eigenen Amtsträger: einen Rabbiner, einen Schächter und einen Synagogendiener.

In der ersten Zeit nach unserer Übersiedlung nach Nyírbátor litt ich unter Eingewöhnungsschwierigkeiten. Ich konnte kein Ungarisch und selbst das dortige Jiddisch verstand ich nur mit Mühe, weil es von dem in Majdan gesprochenen abwich. Zuerst bezogen wir eine Mietwohnung bei einem assimilierten Juden namens Fon, der eine Druckerei betrieb. Die Fons wohnten am Eingang des Hofs. Daran reihten sich die Wohnungen der vier weiteren jüdischen Familien wie Eisenbahnwagen. Wir waren die letzten in der Reihe. Die Nachbarfamilien hießen Kraus, Ellenbogen und Reich.

Unmittelbar neben uns wohnten die Reichs. Sie hatten eine hübsche junge Tochter namens Leah. Später erfuhr ich, daß mein Vater und Leah intime Beziehungen unterhielten. Sie fuhr mit ihm nach Budapest, um den Augen und Ohren der Umgebung fern zu sein. In Nyírbátor kamen Gerüchte auf, Leah habe meinem Vater einen Sohn geboren, und im Cheder ärgerten mich die Kinder und spotteten: "Du hast einen Bastard zum Bruder!" Die Geschichte machte im gesamten Städtchen die Runde. Die Hauptleidtragende bei der ganzen Geschichte war meine Mutter. Sie schloß sich im Haus ein und weinte dauernd. Aus dem Schlafzimmer drang lautes Schreien und Schluchzen, wenn meine Mutter von meinem Vater Erklärung forderte. Schließlich zogen wir in

[16] Nichtjude, der am Schabbat bestimmte Arbeiten verrichten darf, die Juden wegen des Ruhegebots verboten sind.

eine andere Wohnung, um nicht mehr neben den Reichs zu leben. Ich durfte nicht mit ihnen sprechen. Als Kind verstand ich nicht, warum ich mich von ihnen fernhalten sollte. Leahs Mutter liebte ich doch wie eine Großmutter.

Leah blieb in Budapest. Ich traf sie, als wir aus den Konzentrationslagern nach Nyírbátor zurückkehrten. Auch sie war in Auschwitz gewesen, hatte überlebt und war nun nach Nyírbátor gekommen, in der Hoffnung, dort gerettete Familienangehörige zu finden. Sie war immer noch so schön wie früher. Leah heiratete einen orthodoxen Juden und wanderte mit ihm in die Vereinigten Staaten aus. Als ich später mit meinem Vater über die Zeit der Trennung von meiner Mutter sprach, bat ich ihn, mir auch von der Affäre mit Leah zu erzählen. Unwillig bestätigte er, daß Leah einen Sohn geboren habe. Doch sei keineswegs er der Vater, sondern Laci Fon, der Sohn des Druckereibesitzers Fon, bei dem wir zu Beginn der Affäre gewohnt hatten.

Unsere neue Wohnung lag in der Nähe von Großvaters Haus. Wir wohnten bei einem Bauern namens Hatházi, zunächst in einer kleinen Wohnung im Hof, neben Schafspferch und Kuhstall, mit einem Abort draußen. Die Wohnung hatte zwei Zimmer, und wir waren fünf Personen. Mein Bruder und ich schliefen in einem Bett in der Küche, ins Elternschlafzimmer wurde das Bett fürs Baby gestellt. Die Küche war nicht gefliest. Vor dem Schabbat glätteten wir den Boden mit Lehm. Wir hatten keinen elektrischen Strom. Als Beleuchtung diente eine Petroleumlampe, die von der Decke hing. Der Küchenherd wurde mit Holz beheizt und diente zum Kochen und als Wärmofen. Das Feuerholz lagerte in einem Schuppen im Hof, der uns auch als Laubhütte diente. Vor dem Laubhüttenfest nahmen wir die Ziegel vom Dach, deckten Zweige darüber[17] und schmückten den Innenraum.

Meine Mutter hatte auch nichtjüdische Freundinnen, darunter Frau Baracsi und Frau Molnár. Erstere wohnte zwei Häuser weiter, letztere in einer Villa gegenüber von Großvaters Haus. Bei Frau Baracsi kauften wir all die Jahre unsere Milchwaren. Als wir zu Pessach 1944 vor der Deportation standen, bat Frau Baracsi meine Mutter, doch meine kleine Schwester bei ihr zu lassen. Sie werde gut auf sie aufpassen, bis wir zurückkämen. Meine Mutter begriff nicht, was uns bevorstand, und wollte ihre Jüngste nicht fortgeben. Sie übergab der Freundin nur Bettzeug und andere unwichtige Dinge. Als Vater und ich aus den Lager zurückkehrten, gab Frau Baracsi uns auf der Stelle diese Sachen

---

[17] Laubhütten dürfen kein geschlossenes Dach haben, sondern allenfalls eine durchsichtige Abdeckung mit Zweigen.

wieder und bedauerte, daß sie meine Mutter nicht noch eindringlicher beredet hatte, meine Schwester bei ihr zu lassen.

Frau Molnár war eine besonders schöne, kinderlose Frau. Als man uns 1941 verhaftete und nach Polen deportieren wollte, tat sie alles, um uns finanziell und allgemein zu helfen. Sie ersuchte verschiedene Stellen um Aufhebung oder Abänderung des Ausweisungsbeschlusses, versorgte uns während der Haftzeit mit allem Nötigen und saß stundenlang bei uns, um uns aufzumuntern.

Als ich 1965 nach Ungarn reiste, fuhr ich eigens nach Nyírbátor, um die beiden ehemaligen Freundinnen meiner Mutter zu besuchen und ihnen noch einmal für das zu danken, was sie in harten Zeiten für uns getan hatten. - Zuerst suchte ich Frau Baracsi auf. Als ich das Haus betrat, wurde ich von Sohn und Tochter empfangen, die mich sofort erkannten und mir erzählten, die Mutter liege im anderen Zimmer auf dem Sterbebett. Frau Baracsi hörte meine Stimme aus dem Nebenzimmer und rief leise: "Schlajme! Bist du da?" Ich ging zu ihr hinein. Sie nahm meine Hand und fragte, wie es mir ginge. Zwei Stunden später hauchte sie ihre Seele aus. - Als zweites suchte ich Frau Molnárs Haus auf, fand sie aber nicht vor. Ich erfuhr, daß die Molnárs von den Kommunisten an einen unbekannten Ort vertrieben worden waren, weil sie als Kapitalisten galten.

Nach einiger Zeit konnten wir bei den Hatházis ausziehen und in eine bessere und größere Wohnung übersiedeln, die nicht mehr neben den Stallungen lag. Einige Wochen später, am Neujahrsfest,[18] wurde ich krank. Der Arzt, Dr. Balog, stellte Diphtherie fest. Seinerzeit war diese ansteckende Krankheit sehr gefährlich. Meine Mutter verließ tief besorgt die Synagoge und eilte nach Hause. Auf Betreiben des städtischen Gesundheitsamts wurde eine rote Bekanntmachung an die Eingangstür geheftet, mit dem Wortlaut: "Wegen ansteckender Krankheit Zutritt verboten!" Mein Zustand verschlechterte sich von Stunde zu Stunde, ich war dem Ersticken nahe. Der Arzt ließ eilig ein neues Medikament aus Debrecen kommen, das in der Apotheke in Nyírbátor noch nicht vorrätig war. Er bat Mutter, darum zu beten, daß das Medikament noch rechtzeitig einträfe. Tatsächlich kam es in letzter Minute. Kurze Zeit, nachdem er mir das Mittel gespritzt hatte, besserte sich mein Befinden, und ich war außer Lebensgefahr. Dr. Balog, der kein Jude war, weigerte sich, Honorar für die Behandlung anzunehmen. Von einer armen Familie nehme er kein Geld, sagte er.

---

[18] Rosch Haschaná, im Frühherbst

Ein paar Häuser weiter wohnte der alte Molnár. Sein Haus stand an der Straßenecke, gegenüber dem von Großvater. Als er in den Ruhestand getreten war, hatte er seine Getreidemühle seinen beiden Söhnen übereignet. Einer der beiden, der Schwerhörige, war der Ehemann der zuvor erwähnten Frau Molnár. Der alte Molnár, Molnár Bácsi, wie wir ihn nannten, war klein, glatzköpfig und hatte immer eine Zigarre im Mund. Meist saß er auf der Holzbank vor seiner Tür, stets in Anzug mit Weste, über der die Uhrkette baumelte. Er grüßte die Vorübergehenden mit breitem Lächeln und vergnügte sich mit den Kindern der Umgebung. Mich beeindruckten vor allem sein Feuerzeug und die Taschenuhr. Einmal bat ich ihn, mir diese beiden Dinge zu vermachen, wenn er stürbe. Zur Antwort schüttelte er schmunzelnd den Kopf. Wenn ich an ihm vorüberkam, fragte ich ihn manchmal: "Na, Molnár Bácsi, sind Sie noch nicht gestorben?" Darauf lächelte er nur.

In der nächsten Straße stand die Molnársche Mühle, und im weiteren Verlauf kam ein Wäldchen, in das sich junge Pärchen zu romantischem Tun zurückzogen. Molnár musterte jedes Paar bei der Rückkehr aus dem Wäldchen und erklärte: "Die haben was gemacht." Oder: "Die nicht." Seine Logik erklärte er folgendermaßen: Ging bei der Rückkehr aus dem Wäldchen der Mann vorn, war das Ergebnis positiv, ging die Frau vorn, war es negativ, das heißt, es war nichts geschehen.

Die meisten Straßen von Nyírbátor waren ungepflastert. Ausnahmen bildeten nur der zentral gelegene Marktplatz und ein paar Straßen, die von ihm abgingen. Das war auch das Handelszentrum der Stadt. Die meisten Geschäfte lagen am Marktplatz und die meisten befanden sich in jüdischem Besitz. Deshalb ruhte der Handel am Schabbat und an den jüdischen Feiertagen. Bauernmärkte, Handwerksbetriebe und Kleinindustrie waren überwiegend am Stadtrand angesiedelt.

Das Rathaus war das größte und stattlichste Gebäude der Innenstadt. Es hatte einen hohen Turm mit einer Uhr an jeder Seite, die man von allen Enden der Stadt sehen konnte. Der Turm hatte einen breiten umlaufenden Balkon, von dem die Feuerwehr über den gesamten Stadtbereich wachte. Brach irgendwo Feuer aus, läutete der Wächter die Glocke über seinem Kopf und signalisierte mit einer roten Fahne die Richtung des Brandherds.

Auf dem Marktplatz, vor dem Rathaus, befand sich in einer kleinen Gartenanlage ein Heldendenkmal für die Gefallenen des Ersten Weltkriegs. Eine Marmortafel verzeichnete die Namen der Söhne Nyírbátors, die im Krieg gefallen waren, darunter 14 Juden. Auf der anderen Seite des Platzes stand das zweitgrößte Gebäude der Stadt, die einzige Handelsbank der ganzen Umgebung. Sie gehörte einem Juden namens Elek.

Im März 1944 richtete die deutsche Wehrmacht in diesem Gebäude ihr Hauptquartier ein. Nach deren Niederlage im Mai 1945 wurde es russisches Hauptquartier. Die Wachstube war in einem ehemaligen Ladengeschäft am Eingang untergebracht, das bis zum Beginn der Schoáh einem Juden namens Gálet gehört hatte. Der russische Wachoffizier war Oberfeldwebel Buchstein, ein Jude natürlich, der mich mit allem Nachdruck aufforderte, ihn nicht namentlich, sondern mit Herr Oberfeldwebel anzureden. Die Russen renovierten die Ladenräume, um sie der neuen Zweckverwendung anzupassen. Dazu griffen sie wahllos Passanten auf und zwangen sie, die Räume zu reinigen. Nach meiner Rückkehr aus den Lagern besuchte ich die Russen manchmal. Es waren ein paar Juden darunter, mit denen ich Jiddisch sprach. Manchmal half ich ihnen auch beim Übersetzen.

Ich war zur Zeit der Renovierungsarbeiten dort. Plötzlich sah ich, daß die Mesusa[19] noch am Türpfosten befestigt war. Mit einem Taschenmesser löste ich sie ab. Als ich eine Stunde später wieder dorthin zurückkehrte, sah ich Oberfeldwebel Buchstein mit einem Stock auf die Arbeiter einprügeln, wobei er dauernd schrie: "Wo ist Gott?!" Ich ging hin, beruhigte ihn und sagte, ich hätte Gott abmontiert. Ich würde jetzt das Pergamentröllchen mit den Bibelversen aus der Kapsel herausholen. Wenn er es lesen könne, würde ich ihm die Mesusa zurückgeben. Er blickte auf das Stückchen Pergament, drehte es hin und her und war offensichtlich verlegen. Er hatte noch nie hebräische Buchstaben gesehen.

Donnerstags war normalerweise Wochenmarkt auf dem Marktplatz. Jeden Herbst gab es einen Jahrmarkt, auf dem die Bauern ihre Erzeugnisse selbst verkaufen konnten. Dann wurden auf dem Marktplatz reihenweise Zelte aufgestellt, mit breiten Wegen dazwischen, damit die Besucher die Auslagen zu beiden Seiten begutachten konnten. Die meisten Handwerker, die ihre Erzeugnisse auf dem Markt feilboten, waren Juden, vor allem in den Branchen Bekleidung, Schuhwerk, Möbel und Kurzwaren. Am Rand des Marktplatzes verkauften Bauern Hühner, Gänse und Feuerholz. Die Handwerker arbeiteten monatelang, um ein ausreichend großes Angebot für den Jahrmarkt anzufertigen. Uns Kinder beschäftigten sie zum Wachehalten bei den Zelten. Auch ich wachte - beim Zelt eines Schneiders. Ich sollte besonders ein Auge auf die Zi-

[19] Hebräisch "Türpfosten", Kapsel am rechten Türeingang jüdischer Häuser und Wohnungen, welche die Inschrift 5 Mose 6,4-9 u. 11,13-21 enthält.

geuner haben, die auf den Markt kämen, um zu stehlen. Viel Geld habe ich dabei nicht verdient, aber ich bin um viele Erlebnisse reicher geworden.

Den Verkauf übernahmen geübte Verkäufer, natürlich Juden, die das Wesen der Bauern kannten und ihren Dialekt sprachen. Ziemlich jeden Satz würzten sie mit jiddischen Worten, saftigen Flüchen und versteckten Witzen. Ein Schneider war lange auf einem fehlerhaften dreiviertellangen Mantel mit schrägen Taschen sitzen geblieben. Sein Lehrling hatte eine Tasche versehentlich in der umgekehrten Schräge genäht, so daß man mit der Hand nicht hineinkam. Der Schneider bat einen Verkäufer namens Patyi, ihm zu helfen, diesen Mantel loszuwerden, den er von Jahrmarkt zu Jahrmarkt schleppte. "Verkauf ihn unter Preis, Hauptsache, du wirst ihn los!" Patyi zögerte nicht lange, als er einen Bauern mit einer Peitsche in der Hand auf das Zelt zukommen sah. Er begrüßte ihn, als würde er ihn seit eh und je kennen: "János Bácsi (Onkel Janosch), hast du schon den neuen Mantel gesehen, das amerikanische Patent?" Ehe der Bauer noch eine Silbe hervorbringen konnte, hatte er ihm im Nu den alten Mantel aus- und den neuen angezogen. Er stellte ihn vor den Spiegel, faßte mit einer Hand hinten den Stoff zusammen, so daß es vorn aussah, als sei der Mantel genau nach Maß des potentiellen Käufers geschnitten, nahm seinen rechten Arm, führte ihn über den Bauch und steckte die Hand in die falsch geneigte Tasche. Dann schob er ihm die Peitsche unter den angelegten Arm und sagte: "Sehen Sie? Wenn Sie im Winter auf dem Wagen sitzen, spüren Sie die Kälte nicht!" Der Preis? Nicht teurer als... sagte er, schlug auf den ursprünglichen Preis noch 5% drauf und bat ihn, den Mantel vorerst noch niemandem zu zeigen, denn dies sei nur ein Probestück. Erst in einem Monat werde eine neue Sendung aus Amerika eintreffen. Der Mantel mit der falschen Tasche wurde fortan serienweise hergestellt und verkaufte sich bestens.

Vater hatte eine ganze Sammlung Taschenuhren im Haus, die von seinem Geschäft übriggeblieben waren. Teile davon sind längst in andere Uhren eingesetzt worden. Die Verkäufer kauften diese Uhren nach Gewicht. Sie steckten bei Mänteln und Jacken jeweils eine Uhr in die rechte Tasche. Wenn ein Bauer ein Kleidungsstück anprobierte, steckte er gern die Hände in die Taschen. Sobald er die Uhr fühlte, fragte er prompt nach dem Preis.

## Das orthodoxe Lehrhaus in Nyírbátor

Das Lehrhaus (Bet Midrasch) war ein Teil des Synagogengebäudes. Das Erkennungszeichen des Betsaals waren die hohen Rundbogenfenster - im Unterschied zu den Spitzbogenfenstern, die in Kirchen üblich waren. Über dem Haupteingang prangte ein rundes Fenster mit einem Davidsstern. Vor der Gebäudefront lag ein ungepflegter Vorhof. Alle funktionalen Einrichtungen - Koscherschlachthaus, Ritualbad und die Wohnräume des Rabbis und des Synagogendieners - befanden sich, wie gesagt, hinter dem Lehrhaus im Hof. Der Weg ins Lehrhaus führte durch einen schmalen Korridor, in dem ein Waschbecken zur rituellen Handwaschung angebracht war, einschließlich des dazugehörigen zweigriffigen Bechers an einer Kette. Vom Korridor kam man in einen Durchgangsraum, den sogenannten "Palisch". Ein separater Eingang führte in den Betsaal.

Das moderne Mobiliar des Betsaals war aus erstklassigem Holz. An der Ostwand hatten der Rabbi, der Gemeindevorsteher und die Angesehensten der Gemeinde ihre Plätze. Die einfachen Leute - Handwerker, Kleinhändler und Kutscher - saßen hinten am Eingang. - Zum Thoraschrein, der eine große Anzahl von Thorarollen enthielt, stieg man über ein paar Stufen empor. Rechts daneben befand sich das Vorbeterpult. Mitten im Saal stand auf einem Podest, der sogenannten "Bima", der breite Tisch, auf dem die Thora ausgerollt und gelesen wurde. Von dieser Bima aus verkündete der "Schamasch" (Synagogendiener) Reb Aaron Scheinfeld ("Aaron der Schammes") die Bekanntmachungen für die Gemeinde und verkaufte vor der Thoralesung an Schabbat und Feiertagen die "Alijot" (Aufrufe zur Thora).[20]

Die Frauenempore[21] überragte einen Teil des Saals, so daß die Decke dort niedriger war. Die nach Osten, zum Betsaal, zeigende Seite der Frauenempore war mit dichtstehenden Holzlatten abgeschirmt, damit die Männer unten ja nicht hindurchblicken konnten. Der Aufgang zur Frauenempore führte über eine Treppe vom Hof.

Der belebteste Ort war das *Palisch*, in dem die Männer sich in verschiedenen Gruppen zum Thorastudium zusammenfanden. Die einen lernten Talmud,[22] andere "Chumasch" (die fünf Bücher Mose mit den dazugehörigen Prophetenabschnitten) und wieder andere "Mischna".[23] An den Wänden standen randvolle Bücherregale, dazwischen ein kleiner Thoraschrein. In der Mitte des Palisch waren reihenweise Tische aufgestellt, an denen gelernt wurde.

---

[20] "Aufruf zur Thora" bedeutet Aufruf, aus dem Wochenabschnitt der Thora zu lesen oder lesen zu lassen, was als besondere Ehre gilt.

[21] In orthodoxen und konservativen Gemeinden sitzen Frauen und Männer getrennt, in liberalen bzw. progressiven Gemeinden zusammen.

[22] "Studium/Lehre, die von der Schrift ausgehende Belehrung."

[23] Mündliche Überlieferung zur Thora, grundlegender Teil des Talmud.

In einer Ecke dampfte der Samowar. Für die Teezubereitung war Aaron der Schammes zuständig. Wenn wir an kalten Tagen in aller Frühe zum Cheder unterwegs waren, machten wir schnell im Palisch Halt, um heißen Tee zu trinken. In der Mitte zwischen den Tischen stand ein Heizofen. Daneben wärmte sich an kalten Wintertagen der Hersch-Beer, ein alleinstehender "Spinner". Er trug einen verbeulten Federhut zum abgewetzten Mantel, murmelte und nörgelte vor sich hin und sprach mit keinem der Anwesenden. Die Kinder foppten ihn von Zeit zu Zeit. Die "Rebbetzin" (Rabbinersfrau) hatte ihn aus Mitleid in einem Zimmer des Gebäudes untergebracht und verpflegte ihn auch.

In der Mikwe gab es einige Kabinen mit Badewannen, die auch der nichtjüdischen Bevölkerung dienten, denn in dem Städtchen gab es kaum Wohnungen mit Bad. In einem getrennten Bereich lagen Badekabinen nur für Frauen. Die Frauen, die nach Ende ihrer Menstruation die Mikwe aufsuchten, kamen von der Straße über einen versteckten Pfad zwischen den beiden Synagogen.

## Rabbi Naftali Teitelbaum (Rabbi Naftole)

Rabbi Naftole, der Rabbiner der orthodoxen Gemeinde in Nyírbátor, war ein Sproß der Familie Teitelbaum, die für ihren vehementen Antizionismus bekannt war, und ein Vetter des berühmten Rabbi Joelisch Teitelbaum aus Satmar. Rabbi Naftole führte die Gemeinde autoritär, aufrecht und kompromißlos. Stets sah man ihn in traditioneller Kleidung, einen breitkrempigen Samthut auf dem Kopf, dazu sein schöner, weiß melierter Bart und eine Brille auf der Nasenspitze, über die hinweg er einen anblickte. Er war eine eindrucksvolle, Respekt gebietende Erscheinung.

Neben der Wohnung des Rabbis befand sich das "Schiér[24]-Stiebel", die Lehrstube, ein geräumiges Zimmer, möbliert mit Tischen, Bänken und Bücherregalen voll Talmudbänden, Moralschriften und anderen religiösen Werken. In diesem Raum lernten die jungen Talmudschüler zusätzlich zu ihrem normalen Unterrichtspensum. Rabbi Naftole verbrachte die meiste Zeit in diesem Raum. Hier studierte er und empfing seine Gäste. Beim Essen drängten sich seine chassidischen Anhänger um den Tisch ihres Rabbis, um "Schireiem" (Reste) zu ergattern. Die Chassiden meinen, wer Reste vom Mahl des Rabbis einheimse, dem werde das als großes Verdienst angerechnet.

---

[24] "Schiur", hebräisch (Maß), Lektion, Vorlesung.

Wenn Rabbi Naftole im Lehrhaus erschien, breitete sich sofort Schweigen aus und die Gemeinde erhob sich. Sein Sitzplatz stand neben dem Vorbeterpult. Während der Vorbeter das zuvor leise gesprochene "Achtzehngebet" laut wiederholte, nutzte Rabbi Naftole die Zeit, um zwischen den Betenden umherzugehen, die Hände in den Ärmeln seines Kaftans verschränkt. Hier und da blieb er neben jemandem stehen, um ihm Moral zu predigen oder sein Mißfallen auszudrücken.

An einem Versöhnungstag[25] trat er zu einem der Betenden, als er sah, daß der Mann saubere Socken trug. Es war ihm klar, daß dieser Jude, entgegen des Verbots, am Versöhnungstag Ledersachen zu tragen, mit Schuhen ins Lehrhaus gekommen war und sie erst draußen ausgezogen hatte. Dafür wies er ihn streng zurecht. Ein anderer Fall passierte an einem Neujahrsfest. Diesmal attackierte er eine Frau auf der Empore, weil sie es gewagt hatte, mit "Beihaar" ins Bethaus zu kommen, das heißt, sie hatte ein paar Strähnen ihres natürlichen Haars über die Perücke gekämmt, was damals bei den gemäßigt religiösen Frauen große Mode war. Er stieg die Stufen zum Thoraschrein hinauf und forderte sie auf, die Frauenempore zu verlassen.

Im Sommer begaben sich die Händler nach Ladenschluß zum Lehrhaus zum Nachmittags- und Abendgebet, ehe sie nach Hause gingen. An den langen Sommertagen mußte man nach dem Nachmittagsgebet lange warten, bis man das Abendgebet sprechen konnte. Diese freie Zeit nutzten einige zum Studium, andere standen in Grüppchen auf dem Hof beisammen und führten politische Debatten.

Eines Tages traf um diese Tageszeit ein Gast mit einer Tasche in der Hand ein. Er trat zu den Versammelten auf dem Hof, die ihn, wie üblich, mit "Scholem alejchem!" ("Friede sei mit euch!") begrüßten. Danach zog er einen Block aus der Tasche und wollte den Leuten Schekel für den Zionistenkongreß verkaufen. Doch schon hatte jemand Rabbi Naftoli informiert, daß ein nichtswürdiger Zionist ins Allerheiligste eingedrungen sei. Rabbi Naftoli sprang von seinem Sitz auf, kam buchstäblich im Laufschritt angerannt und schrie dabei ein ums andere Mal: "We is der Meschimmed?!" ("Wo ist der Ungetaufte?!") Bei dem Gast angekommen, der übrigens der religiösen Zionistenbewegung "Misrachi"[26] angehörte, spuckte er ihm ins Gesicht und forderte die Talmudschüler auf, ihn aus dem Hof zu werfen - vor den Augen nichtjüdischer Pas-

---

[25] Jom Kippur, strenger Fasttag, höchster jüdischer Festtag

[26] Abkürzung für "Geistiges Zentrum", 1902 gegründete religiös-zionistische Gruppierung, 1922 "Hapoel Hamisrachi".

santen. Rabbi Naftole war verbittert und enttäuscht aus dem Heiligen Land zurückgekehrt. Er, der geglaubt hatte, im Land Israel lebten gesetzestreue Juden, hatte zu seinem Bedauern dort auch andere gesehen. Nach seiner Rückkehr sagte er, er habe im Land Israel "jiddische Gojim" gefunden. Diese Erkenntnis verstärkte seine negative Einstellung zum Zionismus.

Freitagabends gingen Vater und ich nach dem heimischen Schabbatmahl noch zum Tisch des Rabbi. Manchmal nahmen wir auch am nächsten Abend an der dritten Schabbatmahlzeit teil und blieben bis zur "Hawdala",[27] dem Trennsegen am Schabbatausgang. Zur Hawdala versammelten sich viele Leute. Es war üblich, daß das jeweils jüngste Kind unter den Anwesenden die Hawdala-Kerze[28] hielt. Es hieß, wer die Kerze hoch halte, würde eine großgewachsene Braut bekommen. Einmal fiel mir die Ehre zu, die Kerze zu halten. Man stellte mich auf eine Bank. Ich hielt die Kerze so hoch ich nur irgend konnte und verkündete: "Ich krieg mal eine sooo große Braut!" Der Rabbi, der offenbar nicht viel Humor besaß, bemerkte: "Bei mir wirst du die Hawdala-Kerze nicht mehr halten."

Rabbi Naftole besaß eine kleine, leichte Thorarolle. Diese hob er nur am Thorafreudenfest[29] aus, um dann ekstatisch alle sieben Runden mit ihr zu tanzen, wobei er sie hoch über den Kopf hielt. Das Umtanzen der Bima mit den Thorarollen war eine besondere Attraktion, die auch einige höhere Beamte als Zuschauer anlockte.

Bei Rabbi Naftoles Beerdigung war fast die ganze Gemeinde von jung bis alt zugegen. Auch viele Nichtjuden drängten sich im Hof des Lehrhauses, als der Leichenzug von dort zum Friedhof aufbrach. Auf seinem Grab und dem Grab seiner Familie errichtete man eine zeltartige Konstruktion und stellte darauf eine Kiste mit einem Schlitz, durch den Besucher ihre "Kwittelach" (Bittzettelchen) einwerfen konnten. Grab und Zelt sind bis heute gut erhalten, und noch immer wird sein Grab besucht. Rabbi Naftole war auch bei Nichtjuden geehrt, die ihn als einen heiligen Mann betrachteten. Bei seiner Beerdigung sah ich meinen Vater bitterlich weinen. Der Heimgang des Rabbis hinterließ eine Lükke im Leben der Gemeinde.

Nach Ablauf eines Jahres bat man seinen Bruder, Rabbi Aaron Teitelbaum, der als Rabbiner des Städtchens Voloba fungierte, die vakante Stelle in Nyír-

---

[27] "Trennung", nämlich des Schabbat vom ersten Wochentag.

[28] Geflochtene Kerze, die am Ende des Schabbat in Wein gelöscht wird; "Hawdala", hebräisch "Unterscheidung", Segensspruch am Ende des Schabbat.

[29] Simchat Thora, fröhliches Fest der Freude über die Thora, am Ende vom Sukkot, des Laubhüttenfestes im Herbst.

bátor zu übernehmen. Rabbi Aaron glich Rabbi Naftole äußerlich wie ein Zwillingsbruder. Er war ein Freund meines Großvaters Reb Itze und seine Tochter Pessil-Leah war eine gute Freundin meiner Mutter. In der Schoáh war Pessil-Leah zusammen mit mir im Konzentrationslager Görlitz. Rabbi Aaron kam mit uns ins Ghetto und von dort nach Auschwitz, von wo er nicht zurückkehrte.

## Rabbiner Dr. Abraham Lemberger

Herrn Rabbiner Dr. Abraham Lemberger bin ich nur bei einer Gelegenheit begegnet. Das anregende Gespräch mit ihm versetzte mich geradezu in einen Sinnestaumel. Erst viel später konnte ich ermessen, welch bleibenden, unvergeßlichen Eindruck es bei mir hinterlassen hatte, und nun erst vermochte ich auch die außerordentliche Persönlichkeit dieses Rabbiners voll zu würdigen. Dr. Lemberger, ein Mann von kleiner Gestalt, dem der lange weiße Bart besondere Würde verlieh, trug eine erhöhte schwarze Rundkappe und einen schwarzen Gehrock. Er war damals an die 80 Jahre alt.

Dr. Lemberger war Rabbiner der Status-quo-Gemeinde in Nyírbátor, seit diese im 19. Jahrhundert von Schimon Mandel gegründet worden war. Nach seinem Tod wurde kein Nachfolger mehr bestellt. Die Orthodoxen hielten Distanz von dieser Gemeinde. Die Geschichte verlief nun folgendermaßen: Als ich eines Tages auf dem Weg zum Cheder, der Talmud-Thora-Schule, die "Schul" (Synagoge) passierte, an der Rabbiner Lemberger wirkte, trat er ans Synagogentor und winkte mich heran. Nachdem er mich begrüßt hatte, fragte er: "Wie alt bist du?" - "Zwölf Jahre", antwortete ich. Er war ein wenig enttäuscht, weil er einen weiteren Juden für sein Gebetsquorum[30] brauchte. Da ich noch nicht das erforderliche Alter von 13 Jahren erreicht hatte, konnte ich nicht behilflich sein, aber zu meiner großen Freude bat er mich in sein Zimmer, und so durfte ich ein unvergeßliches Erlebnis mitnehmen.

Sein Zimmer lag am Vorraum des Bethauses. Er sprach mit mir ein deutsch gefärbtes Jiddisch, bei dem ich mich sehr anstrengen mußte, um ihn zu verstehen. Er fragte mich: "Lernst du Chumasch?" (Pentateuch). "Gewiß", erwiderte ich. "Und was bedeutet Chumasch?" Ich verstummte, weil ich keine Antwort darauf fand. Der "Melamed" (Lehrer) im Cheder verwandte nicht viel Mühe auf die Klärung solcher Fragen. Rabbiner Lemberger erklärte mir

---

[30] Bestimmte Gebete können nur gesprochen werden, wenn 10 ("Minjan") Männer (ab 13 Jahren) versammelt sind; in liberalen Gemeinden auch Frauen (Mädchen ab 12 Jahren).

höchst geduldig: "Weißt du, was "chamesch" bedeutet? "Chamesch" heißt 5 auf Hebräisch, und davon kommt "chumasch" für das "Fünfbuch", die fünf Bücher der Thora!" (Mose)

An der Wand seines Büros hing ein großes Herzl-Porträt. In meiner Naivität fragte ich den Rabbiner: "Wer ist der bärtige Jude ohne Kopfbedeckung auf dem Bild?" - "Dieser Mann ist Theodor Zeew Herzl", erklärte Rabbiner Lemberger. Darauf zog er, um Herzls Persönlichkeit näher darzustellen, einige Briefe auf Deutsch aus der Schublade, die er aufgrund seiner Korrespondenz mit Herzl erhalten hatte, und las mir einige Zeilen vor. Als ich ihm sagte, daß ich kein Deutsch verstünde, legte er die Briefe weg, erzählte mir statt dessen von den Zionistenkongressen und vermerkte stolz, daß er einmal persönlich an einem teilgenommen habe. Danach trug er mir sein "Credo" vor: "Weißt du, es wird einmal einen Judenstaat geben - mit jüdischen Ministern, jüdischen Soldaten, jüdischen Polizisten und so weiter. Dieser künftige jüdische Staat hat auch eine Hymne." Er entnahm der Schublade ein Blatt, auf dem die "Hatikwa" (Die Hoffnung) abgedruckt war, und lehrte mich dieses Lied, wiederholte es so lange mit mir, bis ich es allein singen konnte.

Ich verließ sein Zimmer wie im Taumel. Auf dem Weg zur Talmud-Thora-Schule rekapitulierte ich alles, was Dr. Lemberger mir gesagt hatte. Als ich das Klassenzimmer betrat, war der Melamed zum Glück noch nicht da. Ich erzählte den Klassenkameraden von meinem Erlebnis mit Rabbiner Lemberger und plapperte seine Worte nach wie ein Papagei: "Wir werden einen Staat haben, jüdische Minister, jüdische Soldaten..." Dann zog ich das Blatt mit dem Text der "Hatikwa" hervor und brachte den anderen das Lied bei.

Plötzlich erschien der Melamed und hörte uns die zionistische Hymne singen. Das Desaster war so groß, als hätte man, Gott behüte, ein Kreuz im Saal errichtet. Und dieses Unheil hatte kein anderer angezettelt, als der Enkel des Schächters Reb Abraham Elieser - das heißt ich. Der Melamed fesselte mich ans Fensterbrett und prügelte auf mich ein, bis ich beinah ohnmächtig wurde. Die Sache kam sowohl Rabbi Naftole, dem Rabbiner der orthodoxen Gemeinde, als auch meinem Großvater zu Ohren. Beide nahmen mich noch mal einzeln vor. So ging es, bis meine Mutter der Prügelei ein Ende setzte und keinen mehr an mich heran ließ. "Mach dir keine Sorgen", sagte sie zu mir, "wir werden nach Erez Israel (Land Israel) kommen!"

Als ich 1948 eingezogen wurde und in Tel Litwinski, dem heutigen Tel Haschomer bei Tel Aviv, zur ärztlichen Tauglichkeitsuntersuchung ging, erinnerte ich mich an Dr. Lemberger und seine damaligen Worte: "Es wird jüdische Soldaten geben..." Hier war die Erfüllung. Vor Erregung liefen mir die Tränen herunter. Der Arzt fürchtete schon, mir sei nicht gut. Doch ich beruhigte ihn und erzählte ihm von Dr. Lemberger, was ihn derart anrührte, daß er mitweinte.

## Die Talmud-Thora-Schule (Cheder)

Die Talmud-Thora-Schule von Nyírbátor war in der ganzen Umgebung berühmt. Deshalb lernten dort auch Schüler von außerhalb. Die Schule war wie andere Schulen in Klassen aufgeteilt, die sich über die zwei Stockwerke des Gebäudes verteilten. Die Lehrer kamen aus den nahegelegenen Dörfern nach Nyírbátor. Der Name ihres Herkunftsdorfs wurde ihrem Namen angehängt. Zum Beispiel: Mózes Schwarz aus Vasvár, Mendel Weiss aus Ecsed und Rabbi Meschullam Friedmann aus Megyes. Es gab auch Privatlehrer: Mordechai Wächter und Schlomo Steinberger. Die Kleinsten fingen schon mit vier Jahren an, das hebräische Alefbet (Alphabet) zu lernen. Sie wurden von den Melameds Itzkowitz und Mózes Weiss unterrichtet.

Als ich nach Nyírbátor kam, begann ich bei dem Melamed Mózes Weiss zu lernen. Allerdings konnte ich schon das Gebetbuch lesen, weil Großvater Itzhak (Reb Itze) mir das schon in Majdan beigebracht hatte.

"Chumasch" (die fünf Bücher Mose) lernte ich bei dem neuen Melamed Reb Moses Schlosser, der kurze Zeit zuvor aus Polen zugezogen war. Er war eine Ausnahmeerscheinung unter den Melameds, denn er trug einen normalen Anzug mit Krawatte und brachte seine Geige mit, um uns die Thora in der traditionellen Rezitationsweise mit Geigenbegleitung beizubringen. Wir mochten seine Lehrweise sehr gern und kamen gut dabei voran, aber die streng orthodoxen Kreise waren alles andere als begeistert. Sie meinten, einen Einbruch der Moderne in die geheiligten Hallen des jüdischen Cheders zu wittern. Aber sie blieben bei dieser Debatte in der Minderheit und Schlosser spielte weiter seine Geige.

Der tägliche Stundenplan war sehr voll. Wir standen im Morgengrauen auf. Um 8 Uhr begann die Schule. Nach einer zweistündigen Mittagspause lernten wir bis 8 Uhr abends weiter. Im Dunkeln beleuchteten wir den Weg mit einer Laterne, in der eine Kerze brannte. Einer der Melameds beruhigte uns mit den Worten: "Wenn euch unterwegs ein Hund anspringt, sagt schnell den Thoravers: ‚Aber gegen alle Kinder Israel wird kein Hund seine Zunge spitzen!" Dann läuft der Hund auf der Stelle weg!"

Donnerstags wurde für das "Verhör", die Prüfung, geprobt, die am Schabbatnachmittag stattfand. Ich mußte mich von meinem Vater und auch vom Großvater prüfen lassen. Wenn ich bei einem Vers ins Stocken geriet, bekam ich sofort eine Ohrfeige. Der beängstigendste Wochenabschnitt war "Wajechi" (1 Mose 47,28-50,26). Hier mußten wir die Stellen: "Mir aber, als ich kam von Padan, starb Rachel im Lande Kanaan" (1 Mose 48,7ff.), und: "Schimeon und Levi, Brüder" (1 Mose 49,5ff.) mit der passenden Melodie auswendig vortragen. Das intensive Studium der Bibel und des Talmuds mit seinen scharfsinnigen Debatten haben mich früh geschult und mir viel auf den Lebensweg mitgegeben.

## Die Volksschule "Israelita Elemi Nép Iskola"

In Nyírbátor gab es getrennte Schulen für die einzelnen Glaubensgemeinschaften, darunter auch eine jüdische Schule sowie eine allgemeine gemischte Schule für alle. Als ich in die 1. Klasse der jüdischen Schule kam, gab es dort einen Lehrerwechsel. Herr Szilvási Ármin beendete in jenem Jahr einen langen Lebensabschnitt und ging in Pension. Er gehörte zu den Gründern dieser Schule und der Status-quo-Gemeinde. Als ich ein Bild sah von Elieser Ben Jehuda, dem Erneuerer der hebräischen Sprache, erinnerte es mich an Lehrer Szilvási. Die Ähnlichkeit war perfekt. Szilvási übergab das Amt seiner Tochter Marischka (später Marischka Blau).

Die sieben Schulklassen hatten nur vier Lehrer. Deshalb lernten je zwei Klassen in einem Zimmer. Lehrerin Marischka unterrichtete die erste Klasse, Frau Iduschka (später Iduschka Leibowitz) die Klassen 2 und 3, Herr Tihanyi die Klassen 4 und 5, und die beiden obersten Klassen, 6 und 7, übernahm der Schuldirektor, Herr Gondos, der vorher Gottlieb geheißen hatte. Die 7. Klasse war erst in jenem Jahr dazugekommen.

In meiner Schulzeit hat es zwei denkwürdige Zwischenfälle gegeben. Der erste ereignete sich bei der Lehrerin Iduschka in der 4. Klasse. Ich hatte sie geärgert. Den Grund weiß ich nicht mehr, aber an die Schläge erinnere ich mich um so deutlicher. Sie packte mich hart an und hieb mit dem Lineal hysterisch auf meine Fingerkuppen ein. Vor Schmerz nun meinerseits hysterisch und in dem Bemühen, mich aus ihrem Griff zu befreien, trat ich ihr in den Bauch und sprang aus dem Fenster. Den Rest überließ ich meiner Mutter.

Der zweite Zwischenfall passierte bei Lehrer Tihanyi in der 5. Klasse. Wir kamen einfach nicht miteinander aus. Tihanyi war ein begabter Maler und äußerst penibel. Wir mußten seine Zeichnungen von der schwarzen Wandtafel haargenau abmalen, ohne jegliche Zusätze. Einmal zeichnete er Weinblätter, die wir kopieren sollten. Aus eigenem Antrieb fügte ich alle möglichen Details an, um das Bild wahrheitsgetreuer zu machen. Tihanyi schritt die Reihen ab, blieb bei mir stehen, blickte auf mein Werk, nahm mein Zeichenblatt, riß es in Fetzen und forderte mich auf, von vorn zu beginnen. Starrköpfig zeichnete ich wieder genau das gleiche Bild. So ging der Krieg zwischen uns weiter: Ich zeichnete, er zerriß. Wer zum Schluß siegte? Natürlich Tihanyi. Er wollte mich nicht in die 6. Klasse versetzen. Deshalb ging ich fortan in die allgemeine Schule, an der ich zu den wenigen jüdischen Schülern zählte.

Der Schuldirektor, Herr Gondos, der ursprünglich Gottlieb geheißen, dann aber den typisch ungarischen Namen Gondos angenommen hatte, demonstrierte bei jeder Gelegenheit ungarischen Patriotismus. Auf seine Anweisung mußten wir jeden Morgen in allen Klassen die ungarische Nationalhymne singen. An den ungarischen Nationalfeiertagen ließ er alle Schüler im Schulhof antreten und erzählte uns allerlei Wundergeschichten aus seiner Dienstzeit bei der ungarischen Kriegsmarine unter dem Befehl des großen Seehelden Konteradmiral Miklós Horthy[31] im Ersten Weltkrieg.

Als ich aus den Lagern nach Nyírbátor zurückkam, hörte ich, daß einige Juden, die vor mir aus der Haft zurückgekehrt waren, das Kommando der Roten Armee in Nyírbátor um Hilfe ersucht hatten, Gondos in die Stadt zurückzuholen. Gondos hielt sich in Debrecen versteckt und hatte Angst heimzukehren. Wie sich herausstellte, war Gondos Kapo in einem Konzentrationslager gewesen und hatte dort den jüdischen Häftlingen grausam mitgespielt, sogar den Angehörigen seiner eigenen Gemeinde. Ein Offizier der Roten Armee kontaktierte das russische Militärkommando in Debrecen. Den dortigen Stellen gelang es, den Mann zu verhaften und in die Nyírbátorer Haftanstalt zu bringen. Seine ehemaligen Schüler suchten ihn dort auf und spuckten ihm durch die schmale Luke ins Gesicht. Wie ich hörte, sind ein paar Juden auch in seine Zelle eingedrungen und haben ihm eine ordentliche Tracht Prügel verabreicht. Gondos wurde nach Budapest gebracht und zu zwei Jahren Gefängnis verurteilt. Nach seiner Freilassung trat er der Kommunistischen Partei bei.

---

[31] 1868-1957, 1920-1944 Reichsverweser von Ungarn; vgl. E. Jäckel et al., Enzyklopädie des Holocaust, Band II, München 1995, S. 623f.

## Meine Jugendzeit

Am ersten Schabbat nach meinem 13. Geburtstag wurde ich zur Thora aufgerufen und die Gemeinde zum Kiddusch[32] eingeladen. Das war meine Bar-Mizwa-Feier.[33] Da es ganz ohne aber auch nicht geht, kamen meine Onkel mütterlicherseits, Schlomo und Jakob, zu diesem Anlaß auf Besuch und schenkten mir Uhren. Onkel Jakob aus Munkács, den ich nun zum erstenmal sah, hatte mir eine Taschenuhr mitgebracht, Onkel Schlomo aus Debrecen eine Armbanduhr. Der Wert dieser Geschenke war seinerzeit unermeßlich. Ich hätte vor Begeisterung am liebsten aller Welt gezeigt, daß ich nicht nur eine Uhr besaß, sondern sogar zwei.

Als Vater von einer Geschäftsreise zurückkehrte, rannte ich ihm freudig entgegen, um ihm die Uhren zu zeigen, die ich bekommen hatte. Vater sagte darauf: "Diese Uhren sind sehr hochwertig und ein Luxus für dich. Wir sind zur Zeit sehr knapp bei Kasse und sollten sie daher verkaufen." Mutter war dagegen und forderte ihn auf, mir die Uhren wiederzugeben, aber Vater verkaufte sie trotzdem. Ich war erbittert darüber, konnte ihm die Sache nicht verzeihen und nahm mir vor, eines Tages eine neue Uhr zu erwerben, die mir kein Mensch wieder wegnehmen würde.

Im selben Jahr mußte ich die Schule verlassen. Vater wurde zum Arbeitsdienst ("Munka-Szolgálat") eingezogen - an Stelle des Militärdienstes, zu dem Juden bei den Antisemiten nicht zugelassen waren - und ich mußte daher zum Unterhalt der Familie beitragen. Meine Mutter wollte aus zwei Gründen, daß ich ein Handwerk erlernte: Wenn ich einmal nach Israel ginge, wäre es gut, einen praktischen Beruf zu haben, und bis dahin könnte ich der Familie finanziellen Nutzen bringen. Sie meinte, das Glaserhandwerk ließe sich relativ schnell erlernen. Deshalb wandte sie sich an Reb Doved Österreicher, der als Glaser und Rahmenbauer einen guten Ruf genoß, und bat ihn, mich als Lehrling anzunehmen. Nach seiner Zustimmung wurde ein Vertrag unterzeichnet. Reb Doved Österreicher, ein großer Mann mit langem rotem Bart, gehörte zu den orthodoxen Juden Nyírbátors, trug eine hohe Rundkappe zum Gehrock und galt als erstklassiger Handwerker und Thoragelehrter.

Als Lehrling mußte ich sonntags Österreichers Frau bei der Hausarbeit helfen: Feuerholz hacken, Böden putzen etc. Diese Arbeit gefiel mir gar nicht,

---

[32] "Heiligung", Segensspruch über Wein (am Erev/Vorabend Schabbat auch über Brot).

[33] "Bar Mizwa", "Sohn der Pflicht", synagogale und häusliche Feier, bei der ein jüdischer Junge mit Vollendung des 13. Lebensjahres religiös volljährig wird; "Bat Mizwa", "Tochter der Pflicht", im liberalen Judentum Mädchen mit 12 Jahren.

ich kam auch nicht mit seiner Frau zurecht. Sie behandelte mich wie einen Dienstboten, und ich konnte diese Erniedrigung nicht ertragen. Daher beschloß ich, der Sache ein Ende zu machen, und weigerte mich, bei ihm zu Hause zu erscheinen. Ich sagte zu seiner Frau, sie solle eine *Schickse* (Nichtjüdin) als Dienstmädchen einstellen, und drohte, ihr beschämendes Verhalten mir gegenüber in der Gemeinde publik zu machen. Anscheinend nützte das, denn fortan brauchte ich nicht mehr in Österreichers Haus zu arbeiten.

Beim Antritt der Lehrstelle hatten Mutter und Reb Doved vereinbart, daß ich am letzten Freitag des Monats einen Vorschuß erhalten sollte. Als der Zahltag kam, war ich ganz stolz und aufgeregt, daß ich zum erstenmal selbstverdientes Geld nach Hause bringen würde. An dem betreffenden Freitag war ich sehr fleißig, beendete alle mir aufgetragenen Arbeiten, putzte Laden und Bürgersteig und wartete ungeduldig auf den Zahltermin. Einige Minuten vor zwei Uhr stellte ich mich vor die Kasse, hinter der Reb Doved saß. Er fragte mich: "Worauf wartest du?" (Meist sprachen wir Jiddisch.) Ich sagte ihm, ich warte auf Geld. Er schrie mich an: "Von was für Geld redst du denn?! Ich habe nichts!" Ich zuckte zusammen wie ein verwundetes Tier und handelte impulsiv - schnappte ein Gewicht vom Tisch und schleuderte es mit aller Kraft auf das Regal, in dem ein teures Porzellanservice ausgestellt stand. Fast alles ging zu Bruch. Ich hatte erheblichen Schaden angerichtet und flüchtete sofort nach draußen.

Vor Angst und Schmach, ohne Geld nach Hause zu kommen, streunte ich in der Stadt herum. Schließlich kam ich mit roten Augen heim, nachdem die Schabbatkerzen schon angezündet waren. Mutter beruhigte mich wie üblich, zeigte mir, daß alles für den Schabbat vorbereitet war und wir gewiß nicht verhungern würden. Sie versprach mir, die Sache am Sonntag zu regeln. Am Sonntag sah ich Herrn Österreicher bei uns zu Hause sitzen und mit Mutter sprechen. Er hatte das Geld mitgebracht, das er mir hätte zahlen müssen. Ich platzte dazwischen und bat Mutter, nicht mit ihm zu reden, da ich nicht vorhätte, weiter bei ihm zu arbeiten. Aber Mutter hatte ihre Wege. Sie schaffte es, sowohl Reb Doved als auch mich zu überreden

Als ich bei Reb Doved Österreicher zu arbeiten begann, fragte er mich nach meinem Namen. Ich antwortete, ich hieße *Schlajme.* Er gab mir statt dessen den Namen Samu, der sich ungarischer anhörte. Natürlich wehrte ich mich gegen den neuen Namen. Jedesmal, wenn er Samu rief, stellte ich mich taub. Eines Tages erschien eine Baronin in Begleitung mehrerer Dienstmädchen im Laden. Vor der Tür wartete ein Vierspänner. Die Baronin hatte ein großes Gobelinbild zum Rahmen mitgebracht. Ein Gobelinbild zu rahmen, war eine kniffige Aufgabe. Man mußte darauf achten, daß die Linien in alle Richtungen gerade verliefen. Ich hatte mich auf diese Arbeit spezialisiert. Deshalb sollte ich mir nach Reb Doveds Wunsch das Bild ansehen und ihm einen Rahmen anpassen. Ich hörte Reb Doved "Samu! Samu!" rufen, stellte mich aber wie immer taub. Als er merkte, daß ich nicht reagierte, hörte ich ihn plötzlich meinen richtigen Namen, Schlajme, rufen. Daraufhin eilte ich herbei. Bei ihm angenommen, nahm ich allen Mut zusammen und fragte ihn in meinem holprigen Ungarisch vor der erlauchten Dame: "Reb Duved, wenn Sie sich Ihres Bartes nicht schämen, warum sollte ich mich dann meines Namens schämen? Sobald Sie bereit sind, Ihren Bart abzunehmen, bin ich auch bereit, Samu statt Schlajme zu heißen!" Von da an nannte er mich stets bei meinem richtigen Namen. (Das ist auch der Grund, warum ich meinen Erinnerungen den Titel *"Schlajme"* gegeben habe.)

Reb Duved, seine Frau und seine Tochter sind leider in Auschwitz umgekommen.

Mit dem Lohn, den ich bei Österreicher erhielt, konnte ich nicht viel zur Ernährung der Familie beitragen. Deshalb mußte ich mir weitere Einnahmequellen suchen. Abends half ich meiner Mutter beim Sieden von Wäscheseife, die sie an Bauern verkaufte. Außerdem mästeten wir Gänse, deren Leber Mutter an Budapester Händler verkaufte, das Fleisch behielten wir gratis. In den Abendstunden fand ich Arbeit bei Schlosser Klein. Ich beschlug Schuhe mit Eisen und lernte auch ein paar elementare Schlosserarbeiten wie blechnern und Wasserpumpen reparieren. Als ich Pumpen reparieren konnte, bekam ich manchmal auch Privataufträge.

Meine anstrengendste Arbeit war die Wartung der Mikwe. Vater hatte mich gebeten, diese Aufgabe für ihn zu übernehmen und ihm so die Stelle zu erhalten, bis er aus dem Arbeitsdienst zurückkehren würde. Ich stand bei Tagesanbruch auf, um die Mikwe für die Gemeindemitglieder herzurichten, die in aller Frühe kamen, um vor dem Morgengottesdienst ins Tauchbad zu gehen. Ich mußte den Ankleideraum und die Badezellen putzen, rund sechzig Holzschemel scheuern und abspülen, das Wasser im Tauchbad erwärmen, den Boiler für die Wannenbäder anheizen, die Abwasserpumpen in Betrieb setzen und den Wasserbehälter auf dem Dach auffüllen, aus dem das Wasser in die Wannen floß. Die schwierigste Aufgabe war das Anheizen und Reinigen des Ofens, der mitten im Tauchbad stand. Dazu mußte ich, mit einem Korb Feuerholz in den Händen, über einen schmalen Holzsteg balancieren wie ein Zirkusartist, und dann den Ofen erst mal von Asche und Ruß reinigen. Ich richtete mir ein Friseur-Eckchen ein und schnitt den Badegästen am Freitag die Haare, was ich bald recht gut konnte. Das alles brachte mir ein ansehnliches Einkommen.

## Mein Großvater Reb Abraham Eliezer (Reb Awrum-Lezer)

Mein Großvater väterlicherseits wurde 1878 in Polen geboren (siehe S. 148). Früh verwaist, lebte er in Ungarn, wo er verschiedene Talmudschulen besuchte und die Zulassung als Schächter erhielt. - Er heiratete Scheindel, geborene Stern, aus dem Städtchen Stropkof in der Slowakei. Ihnen wurden zahlreiche Kinder geboren, von denen sechs am Leben blieben: Dov-Berisch, Mózes, Zwi-Herschel, Sara-Gittel, Levy, Zeew-Valvisch.

Soviel ich weiß, hatte mein Großvater einen Bruder namens Chaim, der in Polen lebte, und eine Schwester, deren Namen ich nicht kenne. Mein Großvater wirkte älter als er war. Er ging etwas gebeugt, hatte einen grauen Bart und war nachlässig gekleidet. Nur an Schabbat- und Feiertagen trug er gute Kleidung und einen Streimel auf dem Kopf. Sein Werktagskaftan glänzte immer vor Fett, weil er sich Fleischreste vom Schlachten unverpackt in die Taschen stopfte - für seine vielen Katzen. - Er war ein bescheidener Mann, der nicht den ihm gebührenden Ehrenplatz an der Ostwand des Lehrhauses einnehmen wollte, obwohl die Gemeindeführer ihm dies immer wieder antrugen. Er zog es vor, unter den einfachen Leuten nahe der Tür zu beten. Mein Großvater war als Thoragelehrter bekannt, und viele wollten an seinen Lehrstunden teilnehmen. Obwohl er über 50 Jahre in Ungarn lebte, sprach er kein Ungarisch, sondern nur Jiddisch. Bei allen Behördenangelegenheiten nahm er meine Mutter als Dolmetscherin mit. Er war ein treuer Freund von Rabbi Naftali Teitelbaum (Reb Naftole).

Großmutter Scheindel (S. 148) konnte weder lesen noch schreiben, ja nicht einmal das Gebetbuch lesen. Meine Mutter saß in der Synagoge neben ihr und betete mit ihr zusammen. An Schabbatnachmittagen setzte sie sich zu meinem Großvater, der ihr auf Jiddisch den Wochenabschnitt vorlas.

Nach seiner Hochzeit wirkte mein Großvater als Schächter in dem ungarischen Städtchen Nyírgyulaj. Hier wurde mein Vater geboren. Später übersiedelte er mit seiner Familie nach Nyírbátor und wurde Schächter der dortigen Gemeinde. Dort blieb er bis an sein Lebensende. - Wegen eines Arbeitsunfalls, bei dem er mehrere Finger seiner rechten Hand verlor, mußte er den Schächterberuf aufgeben und wurde Vorbeter im Lehrhaus und Entscheidungsinstanz in Kaschrutfragen.[34] - Seine Hauptaufgabe bestand darin, die Speiseröhren von Mastgänsen zu untersuchen. Er richtete sich in einem festen Eckchen des "Palisch" ein, dem Studienzimmer im Lehrhaus, und die Leute brachten ihm die gleich nach dem Schächten herausgezogenen Speiseröhren. Nach der "Halacha", dem jüdischen Religionsgesetz, muß die Speiseröhre auf Narben untersucht werden. Fand Großvater eine Narbe, kratzte er sie mit dem Fingernagel völlig weg. Entstand dabei ein Loch, war die Gans rituell unrein und durfte nicht von Juden verzehrt werden.

In Nyírbátor gab es einen weiteren Schächter namens Reb Ezra Finkelstein. Zwischen den beiden Schächtern, d.h. zwischen Reb Ezra und meinem Großvater bestand eine uralte Fehde. Nicht einmal am Versöhnungstag vergaben sie einander. Der Grund des Streites ist mir unklar. Aber ich durfte mit Reb Ezras Enkel Gedalja, der mit mir in die Schule ging, nicht sprechen.

Großvaters Haus war ein Eckhaus mit vielen Zimmern, in dem er die meiste Zeit nur mit Großmutter lebte. Die gute Stube war möbliert und sauber, aber es durfte keiner hinein. Im Winter wohnten sie in der Diele und zündeten nur dort einen kleinen Ofen an. Sie lebten äußerst sparsam. Nicht, daß sie sich kein besseres Leben hätten leisten können - sie waren einfach von Natur aus geizig. Am anderen Ende des Hauses lag eine zweite Küche, eine Stufe tiefer. An beiden Wänden liefen Geschirrbretter entlang, auf der einen Seite mit Kupfer- und Messingsachen, auf der anderen mit schweren Eisentöpfen. Großmutter saß oft auf der Küchenstufe und putzte diese Sachen, obgleich sie sie niemals benutzte.

Zum Haus gehörte ein Garten, den ich im Frühjahr bearbeiten mußte. Meist säte ich Mais. Dafür bekam ich ein paar Groschen, die nicht mal für Bonbons reichten. Darüber ärgerte ich mich, weil mein Großvater Woche für Woche viele Münzen in die Spendendose für Rabbi Meir Baal Haness steckte (Rabbi Meir den Wundertäter). Ich hielt mich für wichtiger als Rabbi Meir, zumal ich für das Geld schwer gearbeitet hatte, und beschloß, meinen Lohn aufzustokken. Ich steckte ein Messer in den Schlitz der Dose und schon purzelten die Münzen heraus. Ich hoffe, Rabbi Meir hat mir vergeben.

Als ich an einem Freitag in der Mikwe arbeitete, rief mich mein Großvater zu sich und erzählte mir von einer geplatzten Vene an seinem Bein. Ich war baß erstaunt. Mein Großvater redete sonst nie mit mir über seine Probleme oder über andere aktuelle Dinge. Dieses Gespräch war eines unter Erwachsenen. - Nach dem Schabbat-Mittagessen gingen mein Vater und ich zu Großva-

[34] Fragen, welche die rituelle Reinheit der Speisen betreffen.

ter. Er war niedergeschlagen, wandte uns den Blick zu und sagte: "Wenn ich den nächsten Dienstag überstehe, ist alles in Ordnung." Im Nachhinein fand ich heraus, daß der betreffende Dienstag der erste Tag des jüdischen Monats Nissan war. An diesem Tag war sein Vater geboren und gestorben und auch er selbst war an einem 1. Nissan geboren. - Am Dienstag wurde ich dringend aus Österreichers Laden in Großvaters Haus gerufen. Ich fand ihn im Bett, umringt von vielen Menschen, darunter einige seiner Söhne. Als ich zu ihm trat, war er mitten beim Beichtgebet. Er nahm meine Hand und sagte: "Du bist der älteste Enkel, ich möchte dich segnen." Ich beugte mich zu ihm nieder, er legte mir die Hand auf den Kopf und segnete mich. Dann bat er seinen ältesten Sohn, Dov-Berisch, nach seinem Tod das Testament aus der Schublade zu nehmen und es noch vor der Beerdigung den Familienangehörigen zu verlesen. Kurz danach hauchte er seine Seele aus. Das Testament wurde von Melamed Schlomo Steinberger verlesen.

Ich kann mich noch an einige Bestimmungen des Testaments erinnern. Es begann mit Anweisungen über die Verteilung des Nachlasses: Die Gebetsriemen nach den Vorschriften Raschis[35] sollte der älteste Sohn, Dov-Berisch, bekommen, die Gebetsriemen nach den Vorschriften von Rabbenu Tam der Sohn Mózes. Der ganze übrige Besitz sollte erst nach dem Tod seiner Frau verteilt werden. Im weiteren Verlauf des Testaments forderte er, die künftigen Frauen seiner Söhne müßten kahlgeschoren sein.[36] Die Grabinschrift war vorgegeben. Die Buchstaben sollten schwarz, nicht golden sein. Das war typisch für seine Bescheidenheit. Die Männer, die seinen Sarg zum Friedhof trugen, sollten vorher in der Mikwe untertauchen. Während der Trauerzug den christlichen Friedhof (der an den jüdischen angrenzte) passierte, sollten die Begleiter den Sarg vor den Augen der Gojim verbergen. Falls Reb Ezra (sein Erzfeind) vor ihm stürbe, wolle er nicht neben ihm begraben werden. Reb Ezra verschied später, als sich wohl niemand mehr an Großvaters Testament erinnerte. Als ich sein Grab 1965 besuchte, fand ich die Gräber von Reb Ezra und dessen Frau seinem direkt gegenüber. - Mein Großvater verstarb im Alter von 65 Jahren. Sein Andenken sei gesegnet.

---

[35] Salomo ben Isaak (1040-1105), studierte in Mainz und Worms, lehrte anschließend in Troyes, kommentierte die meisten Bücher der Bibel sowie die meisten Traktate des babylonischen Talmud.

[36] Brauch bei ultraorthodoxen Juden

## Meine Mutter

Meine Mutter, Anna Silber, wurde am 15. Dezember 1898 in Majdan in Karpatorußland geboren (siehe S. 145). Am 2. August 1925 heiratete sie in der ungarischen Stadt Sáthoraljaújhely ihren fünf Jahre jüngeren Verlobten Mózes Gráber. Sie war eine große, schlanke Frau mit blauen Augen. Nach orthodoxer Sitte trug sie ständig ein Kopftuch, an Schabbat- und Feiertagen eine wohlfrisierte Perücke. Während des Ersten Weltkriegs lebte sie in Majdan. Mit 17 Jahren verlor sie ihre Mutter durch das erwähnte Zugunglück. Daher fiel die Last der Haushaltsführung auf ihre Schultern.

Als sie nach Nyírbátor übersiedelte, hatte sie wegen der unterschiedlichen Mentalität zunächst Verständigungs- und Eingewöhnungsschwierigkeiten. Ihr Jiddisch unterschied sich von dem, das in Ungarn gesprochen wurde. Nur wenige verstanden ihren galizischen Tonfall. Aber sie akklimatisierte sich schnell. Mutter sprach Russisch, Ukrainisch, Jiddisch, Deutsch, Tschechisch und Ungarisch. Gelegentlich bat man sie, übersetzen zu helfen. In Nyírbátor wohnten ein paar bulgarische Gärtner, die Grüngärten angelegt hatten und darin andere als die ortsüblichen Gemüsesorten zogen. Donnerstags verkauften sie ihre Produkte auf dem Markt. Da sie kein Ungarisch verstanden, freuten sie sich sehr, wenn Mutter auftauchte und ihnen beim Dolmetschen half. Als Gegenleistung füllten sie ihr ihren Gemüsekorb gratis.

Ähnlich ihrem Vater war Mutter mit künstlerischen Gaben gesegnet. Einige ihrer Handarbeiten schmückten unser Haus. Im Schlafzimmer hing ein gerahmtes Bild: Auf schwarz gelacktes Glas hatte sie zwei Tauben auf einem Zweig gemalt und die Umrisse mit glänzenden Schokoladenpapierchen in passenden Farben ausgefüllt. In Blumentöpfen prangten Kunstblumen von ihrer Hand. Stickbilder an den Wänden trugen jeweils einen anderen Spruch in tschechischer Sprache. Ich habe noch einige dieser Sprichwörter in Erinnerung: "Roka ruku myje" ("Eine Hand wäscht die andere"), "Komu se nelení, tomu se zelení" ("Faulheit macht dein Feld nicht grün"). Für das Laubhüttenfest bastelte sie bunte Papiersterne als Wandschmuck für die Laubhütte, und an deren Decke hängte sie Vögel aus Eierschalen mit Flügeln und Schwänzen aus farbenfrohen Buntpapierstreifen.

Einmal mußte ich mehrere Tage der Schule fernbleiben, weil ich krank war. Mutter schrieb dem Melamed eine Entschuldigung auf Jiddisch, während Frauen in Ungarn sonst fast nie Jiddisch schrieben. Der Melamed fragte mich: "Wer hat diesen Brief geschrieben?" Ich antwortete, daß Mutter es getan habe. Darauf riß er die Entschuldigung wütend in Fetzen und schrie mich an: "Wie kann eine Frau es wagen, einem Melamed zu schreiben!" - Ein andermal brach im Bankgebäude von Nyírbátor Feuer aus. Die Schieferplatten, mit denen das Dach gedeckt war, flogen wie Feuerwerk in alle Richtungen. Ich war damals knapp sechs Jahre alt. Mutter rannte entsetzt zur Talmud-Thora-Schule, hüllte mich in eine mitgebrachte Decke und nahm mich auf den Arm. Unter großer Gefahr rannte sie zwischen den glühenden Schindeln hindurch. Dieses Bild hat sich mir tief eingeprägt. Ich werde es nie vergessen.

Als erregendes Erlebnis sind mir auch die winterlichen Dämmerstunden vor Schabbatausgang im Gedächtnis geblieben. Mutter saß dann mit uns auf dem Bett, das in der Küche stand. Um uns die Furcht vor der Dunkelheit zu nehmen, erzählte sie uns auf Jiddisch Märchen und Legenden oder Begebenheiten aus ihrer eigenen Kindheit und sang uns jiddische Lieder, wie "Margeriten", "Im Tempel" oder "In dem Ofen brennt ein Feuer". Wir liebten diese gemütlichen Stunden und waren traurig, wenn sie vorüber waren. Vor dem "Trennsegen" sprach sie ein Gebet, das Frauen am Ausgang des Schabbats auf Jiddisch zu sagen pflegten. Darin bat sie den *Gott Abrahams, Isaaks und Jakobs das Volk Israel nun, da durch sein Walten der Schabbat zu Ende ging, vor allem Übel zu beschützen und in treuem Glauben allen eine gute Woche, einen guten Monat und ein gutes Jahr zu bescheren.* - Hier der Originaltext in jiddischer Sprache:

גאָט פֿון אבֿרהם פֿון יצחק פֿון יעקבֿ,
בהיט דײַן פֿאלק ישראל, פֿון בײזן.
אין דינעם לויב אז דער ליבער שבת-קודש גייט.
אז די וואך און דער חודש און דער יאָר,
זאל אונז צוקומן צו אמונה-שלימה.
צו אמונת החכמים, צו אהבת חברים,
צו דביקת הבורא ב"ה מאמין צו זיין
און דײַן שלשה עשר עקרים, ובגאולה קרובה
במהרה בימינו, בתחית המתים, בנבואות
משה רבינו עליו השלום.
אַ גוטע וואָך, אַ גוטע וואָך.

Obwohl Mutter eine religiöse Frau war, setzte sie der religiösen Observanz gewisse Grenzen und ließ sich von anderen nichts vorschreiben. Mein Großvater, Reb Abraham Eliezer, versuchte manchmal, sich in unsere Erziehung einzumischen und mehr "Jiddischkeit" einzufordern. Aber in diesen Dingen wahrte Mutter ihre Unabhängigkeit. Ihre Regeln bestimmten zum Beispiel: Schläfenlocken nicht länger als bis zu den Ohrläppchen. Normale Kleidung statt orthodox-jüdischer Aufmachung.

Auch in bezug auf die Lektüre von Büchern ließ Mutter sich keine Vorschriften machen. Sie las die Bücher von Schalom Asch,[37] dessen Werke in orthodoxen Kreisen verboten, verpönt und geächtet waren, ja sogar sein Buch *Der Nazarener*. Meist lieh ich die Bücher für sie in der Bibliothek aus. Sie war bestrebt, uns Allgemeinwissen und eine Berufsausbildung zu verschaffen, damit wir für die Einwanderung in Israel gerüstet wären.

Als "jiddische Mamme" sorgte sie dafür, daß wir ja nicht mager blieben. Sie päppelte uns mit Spinat, Lebertran und so weiter. Besondere Sorgen machte ihr, daß ich noch keinen Bartwuchs hatte. Sie wollte mich schnell erwachsen werden sehen.

All ihr Hoffen und Streben richtete sich darauf, eine große, weitverzweigte Familie erstehen zu sehen und sich in Erez Israel an ihren Enkeln zu freuen. Die Nazis und ihre Helfershelfer verhinderten, daß ihre Träume wahr wurden. Was ich dir heute noch sagen möchte:

*Mutter! Zu meinem Leidwesen hast du kein Grab mit Grabstein, das ich aufsuchen könnte. Es bedrückt mich bis heute, daß ihr damals bei der Selektion in Auschwitz in dem großen Durcheinander von mir getrennt wurdet, mir fortgerissen wurdet, ohne daß ich auch nur ein Wort des Abschieds hätte sagen können. Ich sehe immer noch dich und die Kinder, die sich an dich klammerten, in der Angst, dich im Gewimmel zu verlieren. Ihr entferntet euch, und ich blickte euch nach, bis ihr der Sicht entschwandet. Damals wußte ich nicht, daß es euer letzter Weg sein sollte.*

*Mutter! Leider konnte ich dir keine Trauerrede halten und dir meine Liebe nicht ausdrücken. Ich habe dich über alles geliebt. Du warst für mich die jiddische Mamme und mehr als das. Ich würde bereitwillig mehrere Jahre meines Lebens dafür hingeben, dich auch nur einen Augenblick sehen zu dürfen.*

*Ich erschaudere, wann immer ich an euren letzten Weg und die Hiobsqualen denke, die ihr bei eurem Eintreten in die Gaskammern durchgemacht habt.*

*Wenn ich das Lied "A jiddische Mamme" höre, scheint es mir für dich geschrieben zu sein. Ich bekomme eine Gänsehaut und möchte weinen.*

*Könnte ich an deinem Grab stehen, würde ich dir das Lied singen, das wir an Schabbatabenden zusammen gesungen haben und das so sehr deinem Charakter entspricht:*

---

[37] 1880-1957, jiddischer Novellist, Romancier, Dramatiker.

*"Wer findet wohl eine tüchtige Frau? Ihr Preis ist höher als Perlen. ...
Sie erweist ihm Gutes und nie Schlechtes, alle Tage ihres Lebens. ...
Würde und Glanz sind ihr Gewand,
lächelnd gedenkt sie der späteren Tage.
Ihren Mund öffnet sie mit Weisheit, ihre Zunge führt gütige Lehre.
Viele tüchtige Frauen gibt es, doch du übertriffst sie alle."*
(Sidur Sefat Emet, Basel 1978, S. 98f.)

## Mein Vater

Mein Vater, Gráber Mózes, wurde am 17. Dezember 1903 im ungarischen Städtchen Nyírgyulaj geboren und wuchs in Nyírbátor auf. In meiner Kindheit hatte ich kein besonders gutes Verhältnis zu meinem Vater. Das wandelte sich, als die Verfolgungen begannen und das Schicksal uns zur Zusammenarbeit zwang. Dadurch kamen wir einander näher. Wir verstanden uns und hielten die guten Beziehungen auch in den Konzentrationslagern aufrecht. Dort waren wir aufeinander angewiesen und die gegenseitige Fürsorge war der Hauptgrund für unser Überleben.

Aus meiner Kindheit habe ich meinen Vater als sehr pedantisch in Erinnerung. Als dominanter, flinker und fleißiger Typ konnte er Faulpelze nicht ausstehen. In seiner Jugend hielt er es weniger streng mit den religiösen Geboten. Trotz Leid und Verfolgung war er immer heiter und guter Laune. Seine kleine Statur verursachte ihm keine besonderen Minderwertigkeitskomplexe. Ganz im Gegenteil fand er schnell Anklang bei seinen Mitmenschen. Mit seinen funkelnden schwarzen Augen und dem gepflegten schwarzen Bart war er eine eindrucksvolle Erscheinung (siehe S. 144). Meist trug er modische Anzüge. Zu den Hemden legte er einen harten Kragen an und band eine passende Krawatte um. Ehe er am Schabbatabend in die Synagoge ging, zupfte er sich vor dem Spiegel mit der Pinzette überflüssige Härchen aus dem Gesicht. Seine Schuhe glänzten spiegelblank. Mutter nahm immer die letzte Musterung vor.

Seine Freunde waren meist jünger als er. An Wochenenden spielten sie bei uns daheim Rommé. Dieses Kartenspiel interessierte mich sehr, und ich bat Vater, es mir beizubringen. Seine Antwort lautete: "Du bist zu dumm dafür, es hat keinen Sinn, es dir zu erklären! Außerdem merk dir, daß jede Beschäftigung außer Psalmen beten Zeitvergeudung ist." (Aus irgendeinem Grund standen Psalmen bei ihm immer an oberster Stelle, weshalb er mich ständig aufforderte, Psalmen zu beten.) Da ich nach seiner Ansicht für Rommé unbegabt war, wollte ich unbedingt Schach spielen lernen. Ich ging in den Schachklub, wo die Spieler natürlich mehrheitlich Juden waren. Ich sah stundenlang vielen Spielen zu, bis ich die Regeln so weit verstand, daß ich selbst mitmachen konnte. Bei passender Gelegenheit fragte ich meinen Vater: Bist du bereit, mit mir Schach zu spielen? Seine Antwort lautete: "Das spieln nar Gojim!" ("Das spielen nur Gojim")[38]

Vater war ein introvertierter Typ. Nie erzählte er etwas aus seiner Kindheit. Er interessierte sich nicht dafür, was ich in der Schule lernte. Kindererziehung war Mutters Domäne. Sehr wohl interessierte er sich aber für mein Fortkommen in der Talmud-Thora-Schule. Am Schabbat fragte er mich den jeweiligen Wochenabschnitt oder ein talmudisches Problem ab. Damit nicht genug, mußte ich mich auch noch von Großvater prüfen lassen.

Von zehn Maß Unbill steckte Vater neun ein. Alles begann mit einer törichten, unheilvollen Entscheidung meines Großvaters. Als die österreichisch-ungarische Doppelmonarchie nach dem Ersten Weltkrieg zerfiel, sollten deren Einwohner sich die ihnen genehme Staatsbürgerschaft aussuchen. Mein Großvater beantragte die ungarische Staatsbürgerschaft für sich, seine Frau und seinen ältesten Sohn Berisch. Die beiden minderjährigen Söhne Mózes und Zwi-Herschel schloß er nicht in das Einbürgerungsgesuch ein. Infolgedessen entstand eine kafkaeske Situation: Mein in Polen geborener Großvater wurde ungarischer Staatsbürger, während seine Söhne Mózes und Zwi-Herschel, die in Ungarn geboren waren, polnische Staatsbürger wurden - zumindest nach Auslegung der ungarischen Behörden.

Als 1939 das erste Judengesetz erlassen wurde, waren davon als erstes die Juden mit fremder Staatsbürgerschaft betroffen oder, nach amtlicher Definition, "Staatenlose". Nach diesem Gesetz verlor Vater den Gewerbeschein. Er mußte sein Uhrengeschäft schließen, das er zusammen mit Mózes Fetmann geführt hatte, eröffnete ein neues in Partnerschaft mit einem Nichtjuden namens Szekeres und mußte auch dieses aufgeben.

Vater war sich für keine Arbeit zu schade, sondern nahm bereitwillig jede an, um seine Familie zu ernähren. Zuerst machte er bei dem Großhändler Lefkowitz, dem Gemeindevorsteher der orthodoxen Gemeinde, Waren versandfertig. Danach arbeitete er bei seinem Freund Kellner in dessen Bekleidungsgeschäft.

Die ungarischen Gendarmen machten Vater das Leben schwer. Er mußte untertauchen, denn das Gesetz bestimmte, daß die Familie zusammen mit ih-

[38] Nichtjuden

rem Oberhaupt auszuweisen war. Deshalb bestand gegen Vater ständig Suchbefehl. Seinerzeit verbrachte Vater die meiste Zeit im Zug zwischen Nyírbátor und Budapest. Mutter machte täglich die Runde bei den jüdischen Kaufleuten von Nyírbátor und erhielt Einkaufsbestellungen für Budapest. Am Bahnhof nahm sie die Pakete für die betreffenden Kaufleute entgegen und übergab Vater die neuen Bestellungen. Die Eisenbahnschaffner waren größtenteils bestochen und hielten Ausschau. Wenn Gendarmen sich dem Zug näherten, versteckten sie Vater. Die Gendarmen kamen fast jede Nacht bei uns ins Haus, um ihn zu suchen, und lauerten ihm auch am Lehrhaus auf. Gelang es Vater einmal, sich für den Schabbat ins Haus zu schleichen, waren die Jeschiwa-Schüler alarmbereit, ihn bei Gefahr zu retten. Zum Schluß konnte er in Budapest für viel Geld eine Aufenthaltsgenehmigung erwirken.

Nun fand Vater eine neue Arbeit in der Gerberei des lahmen Weiß. Das war die schwerste Arbeit seines Lebens, die er nicht lange durchhielt. Danach erwarb er ein Fahrrad und verkaufte Kurzwaren in den umliegenden Dörfern. Da dabei nicht viel Geld heraussprang, suchte er sich eine neue Aufgabe und wurde von der orthodoxen Gemeinde zur Wartung ihrer Mikwe eingestellt. Diese Arbeit hatten bis dahin nur Nichtjuden verrichtet. Als Vater zum Arbeitsdienst eingezogen wurde, übernahm ich, wie gesagt, diesen Posten. Nach seiner Dienstentlassung setzte er diese Arbeit bis zu seiner Deportation nach Auschwitz fort.

Auch sein Bruder Zwi-Herschel wurde ständig gesucht. Er hatte sich fiktiv scheiden lassen, um seine Familie vor dem Ausweisungsbefehl zu retten. Vorsichtshalber nahm die Familie daraufhin den Geburtsnamen seiner Frau Hanna an und hieß fortan Kohel. Herschel wanderte von einer Jeschiwa zur anderen, wurde aber schließlich von Gendarmen aufgegriffen und an die polnische Grenze gebracht, um dort des Landes verwiesen zu werden. Da die Polen seine angebliche polnische Staatsbürgerschaft nicht anerkannten, erschossen die Gendarmen ihn dort an der Grenze.

Als wir aus den Lagern zurückkehrten, begann Vater ein neues Leben, heiratete und zeugte vier Kinder. Er eröffnete in Nyírbátor eine Reparaturwerkstatt für Uhren und übersiedelte 1957 mit seiner Familie nach Israel. Zuerst wohnte er in Beer Scheva, später in Bne Brak.

Während der Arbeit an der ersten Fassung meiner Erinnerungen las ich Vater einige Abschnitte daraus vor. Als ich zu dem Kapitel der Lager kam, fragte er erregt: "Wie hast du das alles bloß behalten?"

Vater verstarb im gesegneten Alter von 91 Jahren am 8. Siwan 5754 (7. Juni 1994). Bei seinem Tod verlor ich nicht nur einen Vater, sondern auch einen Freund. - Sein Andenken sei gesegnet.

## Eindrücke aus dem Elternhaus

Unvergeßlich waren die Feiertage bei uns zu Hause. Ich möchte vor allem von Purim,[39] Pessach und Sukkot erzählen.

### *Purim*

Am ersten Tag des Monats Adar (Februar/März, in dessen Mitte das Purimfest fällt) hängten wir über die Eingangstür ein Spruchband mit der Aufschrift: "Wenn der Adar einzieht, schafft man viel Freude", und fragten uns, wie es angehen könne, daß man Purim nur einen Tag feiert, wo Pessach, Sukkot (Laubhüttenfest) und Chanukka (das winterliche Lichterfest) doch acht Tage lange begangen werden.

Das Purimfest wird von Juden in aller Welt gefeiert, aber viele Gemeinden haben ihre eigenen Bräuche. Bei uns fand das Hauptereignis in der Synagoge statt. Die Gemeinde kam in Karnevalsstimmung, mit Rasseln "bewaffnet", zur Lesung der Esther-Rolle. Wann immer der Name des bösen Haman fiel, trampelten die Anwesenden mit den Füßen und lärmten mit den Rasseln. Die Jungen verkleideten sich als Mädchen und die Mädchen als Jungen. Manche verkleideten sich auch als Chassiden[40] mit Streimel. Mutter buk einige Tage vor dem Fest allerlei Gebäck, breitete die guten Sachen auf dem Bett aus und verteilte sie auf Geschenkteller, die wir traditionsgemäß zu Verwandten und Bekannten trugen, die uns dafür Purimgeld schenkten.

Am Purimabend gab es ein großes Essen zu Hause, doch das Hauptmahl war beim Rabbiner. Die Talmudschüler kletterten auf den Tisch und verlasen von dort vorbereitete Predigten in Reimen. Auch ein jiddisches Purim-Spiel wurde aufgeführt. - Ich erinnere mich noch an jiddische Lieder und ein paar jiddische Purim-Sprüche. Hier eine Kostprobe: "Purim is nur a Tag, a Kabzan is men a ganz Jahr" - "Purim ist nur ein Tag, ein armer Schlucker ist man das ganze Jahr."

---

[39] "fröhliches Fest im frühen Frühjahr, bei dem der Errettung der Juden durch Königin Esther im alten Persien gedacht wird.

[40] "Fromme", Anhänger der religiösen Bewegung des Chassidismus.

Die jiddische Sprache und Kultur waren in Ungarn nicht sehr verbreitet. Es gab weder jiddische Schulen noch Theater wie in Polen und den übrigen Ländern Osteuropas. Deshalb war es in Nyírbátor eine Sensation, als ein jiddisches Purim-Spiel angekündigt wurde. Die Aufführung fand im einzigen Kinosaal Nyírbátors statt. Der Titel lautete "Der Verkauf Josefs". Die Schauspieler waren alle junge Leute vom Ort. Ein kleiner Junge, der die Rolle des Benjamin spielte, ging auf der Bühne hin und her und sang ein trauriges Lied: "Josef! Josef! Wi bist du?" - "Wo bist du, mein Bruder Josef?" Den Spaßmacher Jachzel spielte Srultsche Gutmann. Er betrat die Bühne mit einem ausgestopften Schaf, in dem er eine Flasche Rote-Bete-Saft verborgen hatte. Dann zückte er ein großes Schächtmesser, sagte den vorgeschriebenen Segensspruch vor dem Schächten und ließ, als er dem Schaf das Messer an die Gurgel setzte, insgeheim den Saft ausrinnen, der so echt aussah, als würde Blut fließen. Anfangs erschrak das Publikum, aber danach konnte keiner sich mehr das Lachen verbeißen.

*Pessach*

Mich beeindruckte vor allem das schöne Geschirr, das wir nur an Pessach[41] benutzten. Vor dem Pessachabend stieg Mutter auf den Hängeboden und holte behutsam das Geschirr herunter. Jeder von uns hatte in Form und Farbe abweichende Teile. Die Gläser - für die vier Glas Wein am Sederabend - waren ebenso verschieden wie die tiefen Teller, aus denen wir Matzen in Milch mit einem besonderen Löffel aßen, der wie eine kleine Kelle aussah. Obwohl wir, wie außerhalb Israels üblich, zwei Sederabende feierten, glich das erste Sedermahl nicht dem zweiten. Die Hauptattraktion war das Stibitzen des Afikomans, eines speziellen Stücks Matze, ohne dessen Verzehr das Sedermahl nicht beendet werden kann, und für dessen Auslösung man daher seine Bedingungen stellen konnte. Nach dem Seder zu Hause gingen wir noch zum Seder des Rabbi, bei dem sich fast alle Gemeindemitglieder einfanden.

*Sukkot*

Einige Tage vor "Sukkot", dem Laubhüttenfest, verwandelte sich unser Haus in eine Kunstgalerie. Die unübertroffene Meisterin im Anfertigen von Laub-

---

[41] Jüdisches "Osterfest", bei dem des Auszugs aus Ägypten gedacht wird, einwöchiges Fest, welches (wie alle jüdischen Feste) am Vorabend des ersten Tages mit dem "Seder"-Abend beginnt: "Seder" heißt Ordnung und verweist auf eine genau festgelegte Abfolge von vorzutragenden Texten und Speisen.

hüttenschmuck war natürlich Mutter. Unsere Laubhütte war die am üppigsten ausgeschmückte im ganzen Städtchen. Ich bin froh, daß ich diese Kunst von ihr gelernt habe. Manche dieser Stücke habe ich später für meine eigenen Kinder gemacht.

## Sarkadi Margit

Margit war unsere Hausgehilfin. Ich habe keine Ahnung, wie und wann sie zu uns gekommen ist. Ich weiß nur, daß sie Sarkadi Margit hieß und in der ungarischen Stadt Hajdú-Szoboszló geboren war. Sie war protestantischer Konfession und ging an Sonn- und christlichen Feiertagen regelmäßig in die Kirche. Praktisch kannte man sie im Städtchen nur als Gráber Margit. Sie war eine einfache Frau, die nie eine Schule besucht hatte und natürlich nicht lesen und schreiben konnte. Margit gewöhnte sich an unsere Lebensweise und half Mutter bei der Hausarbeit. Sie übernachtete im Abstellraum. Den geringen Lohn, den sie von Mutter erhielt, verschwendete sie für meine Schwester, der sie allerlei Schleifen und Kleider kaufte.

Margit war in allem bewandert, was im Haus vorging. Bald konnte sie das hebräische Morgengebet für Kinder auswendig und paßte auf, daß wir Kinder es jeden Morgen sprachen. Übergingen wir einen Segensspruch, verpetzte sie uns. Sie kannte sich mit allen jüdischen Speisegesetzen aus und wußte, daß wir sie am Schabbat nicht bitten durften, den Ruhetag durch allerlei Verrichtungen zu entweihen, sie als Nichtjüdin diese Dinge aber aus eigenem Antrieb tun durfte, wenn sie wollte, zum Beispiel den Ofen anheizen, wenn wir unter der furchtbaren Kälte litten. Baten wir sie am Schabbat, Feuer im Ofen anzuzünden, weigerte sie sich, weil wir mit dieser Bitte eine Sünde begingen. Einen Tag vor dem Sederabend verkaufte Vater ihr alles Gesäuerte im Haus.[42] Es wurde ein Kaufvertrag aufgesetzt, dessen Verlesung sie aufmerksam lauschte, und überhaupt nahm sie die Sache sehr ernst. Mit Luchsaugen hütete sie das Vertragsformular und den Schlüssel zum Vorratsraum mit dem Gesäuerten.

Als die Belästigungen gegen die Juden einsetzten und sich zunächst vor allem gegen Kinder richteten, begleitete Margit meine kleinen Brüder zum Cheder und holte sie auch wieder ab. Wehe dem Goj, der es wagte, einem meiner Brüder zuzusetzen. Sie machte ein Mordsgeschrei und verfolgte ihn mit einem

[42] Während des Pessachfestes darf nichts Gesäuertes im Haus sein, weshalb solches symbolisch verkauft wird, um wenigstens auf diese Weise nicht mehr dem jüdischen Besitzer zu gehören.

Stock in der Hand. - Als wir ins Ghetto deportiert wurden, lief Margit verstört in der Stadt herum. Nach unserer Rückkehr aus den Lagern fanden wir sie verändert vor. Sie war gealtert und ganz gebrochen, vor allem, als sie erfuhr, daß die übrigen Familienangehörigen umgekommen waren. Sie diente weiter bei Vaters neuer Familie. Als Vater und seine Familie nach Israel übersiedelten, blieb Margit einsam und allein zurück. Sie starb in hohem Alter in einem Heim.

## Die erste Deportation aus Ungarn

Der nazifreundliche Staatschef Bárdosi László, der 1941 an die Regierung kam, ließ am 2. August im Budapester Parlament Rassengesetze verabschieden, die sich weitgehend an den Nürnberger Gesetzen orientierten.[43] Die ersten Opfer dieser Bestimmungen waren die Juden mit fremder Staatsangehörigkeit, die nun für heimatlos erklärt wurden. Dazu zählten auch wir.

Noch im selben Monat wurden 16.000 - 18.000 Juden nach Polen deportiert, die meisten aus Karpatorußland, das zwei Jahre zuvor von den ungarischen Truppen erobert worden war.[44] Die Juden wurden nach Kamenez-Podolsk verschleppt und zumeist dort ermordet.

Uns und einige weitere Familien aus Nyírbátor internierte man in den Haftzellen im Keller des Rathauses, wo wir zehn Tage blieben. Danach wurden wir in Begleitung ungarischer Gendarmen unter unmenschlichen Bedingungen in Viehwagen zu einer Kleinstadt namens Havasalja an der polnischen Grenze verfrachtet. Über dieses Städtchen gelangten die meisten Deportierten nach Polen, wo sie der Vernichtung entgegengingen. Ein paar Hundert Menschen wurden in einem ehemaligen Sägewerk untergebracht. Wir lagen auf dem Betonboden, in den noch Schienenstränge eingelassen waren, mußten uns abpolstern, um sie nicht zu spüren. Die örtlichen Bauern verkauften uns Nahrungsmittel, und gelegentlich fanden wir "Butterpakete", d.h. Kugeln aus Lumpen, die mit Butter bestrichen waren.

Als wir in Havasalja eintrafen, hatten die Polen die Grenze geschlossen und ließen keine Vertriebenen mehr durch. Die Ungarn hielten uns in dem provisorischen Lager fest, in der Hoffnung, die Polen zur Wiederöffnung der Grenze bewegen zu können. - Mein Vater, der seinerzeit dem Arbeitsdienst des unga-

---

[43] Aus dem Jahre 1935.

[44] Vgl. Eitan Porat, Stimme der toten Kinder - Von den Karpathen durch Auschwitz, Nordhausen und Bergen-Belsen nach Israel 1928-1996. Konstanz 1996.

rischen Militärs angehörte, wurde in Begleitung eines Feldwebels zu uns geschickt. Unterwegs gelang es ihm, den Feldwebel zu bestechen. Daraufhin konnte er die vorgeschriebene gelbe Armbinde abnehmen, ja sogar die Rangabzeichen des Feldwebels anlegen, und als er so im Lager erschien, erreichte er unsere Freilassung.

Vater kehrte nach Budapest zurück, wo er eine Aufenthaltsgenehmigung für die Familie erwirkt hatte, während wir weiter durch Karpatorußland reisten, in der Hoffnung, einen Verwandten zu finden. Zu unserem Leidwesen fanden wir niemanden. Alle waren schon vorher deportiert worden. Daraufhin gingen wir wieder nach Nyírbátor, wo wir bis 1944 blieben. Dann wurden wir erneut deportiert, diesmal nach Auschwitz.

Schlajme - Der Weg zur Hölle (von Schlomo Graber)

## Die Schoáh[45]

*Am 19. März 1944 wurde Ungarn von deutschen Truppen erobert. Eichmanns Repräsentanten, Hermann Krumey[46] und Dieter Wisliceny,[47] erschienen im jüdischen Gemeindebüro von Budapest und forderten eine Einberufung der Gemeindeführer. Am 21. März 1944 wurde ein achtköpfiger Gemeinderat unter Vorsitz des Budapester Gemeindepräsidenten Samu Stern gebildet.[48] Am 22. März 1944 folgte die Vereidigung des neuen Regierungschefs Döme Sztójai. Unter seiner Führung erließ der Ministerrat eine Reihe antijüdischer Gesetze.[49]*

Zur selben Zeit richteten sich die Deutschen im Nyírbátorer Bankgebäude ein. Am nächsten Tag gerieten wir in helle Aufregung, da Gendarmen vor der Tür standen, um Mutter ins deutsche Hauptquartier abzuholen. Wir hatten keine Ahnung, warum man sie holte und wann wir sie wiedersehen würden. Wie sich herausstellte, war Mutter die einzige im Städtchen, die zwischen Deutschen und Ungarn dolmetschen konnte. Gegen Abend kam sie nach Hause und sagte: "Jetzt habe ich für die Deutschen gedolmetscht: Ich hoffe, ich kann es bald für die Russen tun!"

Wir Juden im Städtchen ahnten noch nicht, was in Budapest vor sich ging. Am 5. April 1944 traf uns die erste Zwangsverordnung: Jeder Jude mußte einen gelben Fleck in Form eines Davidsterns tragen, der in Brusthöhe auf die Kleidung zu nähen war. Ohne diesen Judenstern durfte sich kein Jude auf der Straße blicken lassen. Dadurch war die Sicherheit der Juden gefährdet und die Verfolgungen und Demütigungen nahmen zu. Draußen herrschte der Pöbel mit Unterstützung der am Ort stationierten Soldaten und es mehrten sich die Überfälle auf Juden, die aus der Synagoge kamen. Die Polizei ignorierte die Übergriffe. Recht und Gerechtigkeit waren abgeschafft.

Wir jungen Juden im Alter von 15 bis 18 Jahren wurden zum Arbeitdienst einberufen, an Stelle des paramilitärischen Dienstes namens "Levente", für

---

[45] Hebräisch "Katastrophe"

[46] Geb. 1905, SS-Offizier im Judenreferat des RSHA, 1965 zu fünf Jahren, 1969 zu lebenslanger Haft verurteilt; vgl. E. Jäckel et al., Enzyklopädie des Holocaust. Band II, München 1995, S. 831

[47] 1911-1948, Bevollmächtigter Adolf Eichmanns für die Slowakei, Griechenland und Ungarn, 1948 in Bratislava gehenkt; vgl. E. Jäckel et al., Enzyklopädie des Holocaust. Band III, München 1995, S. 1608f.

[48] 1874-1947; vgl. E. Jäckel et al., Enzyklopädie des Holocaust. Band III, München 1995, S. 1374

[49] Vgl. David Guttmann, Schwierige Heimkehr - Leben und Leiden in Ungarn... Konstanz 1997.

den Juden als "unwürdig" galten. Dabei gab es allerlei Schikanen. Eines Tages erhielten wir Befehl, uns auf dem Rathaushof einzufinden, wo uns Hacken, Schaufeln und Hämmer ausgehändigt wurden. Dann mußten wir in Dreierreihen antreten, die Arbeitsgeräte an Stelle von Gewehren geschultert, und zur Erniedrigung vor den örtlichen Gojim durchs Stadtzentrum marschieren. Damit sollte signalisiert werden, daß die Juden fortan zu arbeiten hätten. "Saujuden" und ähnliche Ausdrücke flogen uns an den Kopf. Ich fühlte mich wie ein Zoo-Tier im Käfig, das von den Passanten als exotisches Wesen begafft wird. Juden wagten sich während unseres Marsches nicht auf die Straße.

Die Befehlshaber waren Unteroffiziere, die sich gerade erst freiwillig zu den Pfeilkreuzler-Einheiten (Nyilas-Kereszt) gemeldet hatten - der ungarischen Entsprechung der Hakenkreuz-Einheiten. Sie nannten sich Freiheitskämpfer. An ihrer Spitze stand kein anderer als mein Klassenlehrer aus der allgemeinen Schule, ein Mann, der mir noch gestern Moral gepredigt hatte und nun in Uniform mit Pfeilkreuzler-Binde am Ärmel vor mir stand, grob auftrat und mich nicht mehr kannte. Unsere Aufgabe bestand darin, die Asphaltdecke des Straßenstücks vom Stadtzentrum zum Bahnhof, etwa einen Kilometer lang, abzuheben, die Fahrbahn mit Steinpflaster zu versehen und es mit Sand zu befestigen.

Da man mit unserer Arbeit nicht zufrieden war, zog man schließlich Facharbeiter bei, um das Werk zu vollenden. Aus mir unbekanntem Grund wurde der Arbeitsdienst eingestellt und man ließ uns in Ruhe bis zur Deportation. In unserem Städtchen wie in anderen kleinen Ortschaften waren wir ziemlich isoliert und wußten kaum, wie die Dinge liefen und welche Kontakte die Gemeindemitglieder und jüdischen Organisationen in Budapest zu den Deutschen unterhielten. Die Rote Armee stand knapp vor der ungarischen Grenze. Wir hofften auf einen baldigen russischen Einmarsch, ehe die Deutschen uns etwas antäten. Doch die Deutschen ließen sich von der Lage nicht beeinflussen, sondern setzten ihr teuflisches Vernichtungswerk fort, als gäbe es gar keinen Krieg.

Der Pessachabend des Jahres 1944 war der traurigste meines Lebens. Aufgrund von Gerüchten, daß man uns womöglich in ein anderes Land deportieren wollte, war die Atmosphäre äußerst düster. Nach dem Sedermahl gingen wir nicht wie sonst zum Seder des Rabbis. Jeder Jude verrammelte sich in seinem Haus und harrte seines Schicksals.

In den mittleren Feiertagen des einwöchigen Pessachfestes kamen Pfeilkreuzler-Trupps in Zivil mit Armbinde in die Stadt, geführt von einem stämmigen, untersetzten Mann mit einem Schlagstock in der Hand. Nachdem sie sich im Rathaus eingerichtet hatten, forderten sie die jüdischen Gemeindeobersten auf, mit einer Namensliste aller jüdischen Gemeindemitglieder bei ihnen anzutreten. In Wirklichkeit bestand eine solche Liste bereits. Sie war einige Zeit zuvor von städtischen Beamten aufgestellt worden und enthielt auch die Namen von getauften Juden und deren Nachkommen. Mit der Abholung der Juden wurden die berüchtigten Gendarmen (Csendörség) beauftragt. Sie suchten die Wohnungen der Juden auf, prüften, ob alle Bewohner anwesend waren, und beorderten sie sofort auf den Synagogenplatz. Wir erhielten einen Tag Zeit, einige Sachen zu packen, so viel wir in Händen tragen konnten. Dann mußten wir uns erneut in der Synagoge versammeln.

In Eile rafften wir unsere Sachen zusammen. Die Familienfotos versteckte ich bei meinem Großvater auf dem Dachboden. Mutters Brillantring vergrub ich im Boden des Kellers. Als wir später aus den Lagern zurückkehrten, mußten wir feststellen, daß all diese Dinge verschwunden waren. Die Gojim hatten sich nach der Verschleppung der Juden sofort über deren Häuser hergemacht und alles geplündert, sogar die Höfe umgegraben und die Fußböden aufgebrochen, um versteckte Gegenstände zu finden.

Kein Jude kam auf die Idee, zu fliehen oder unterzutauchen, weil jeder dabei sein Leben riskierte. Die Gojim zögerten nicht, ihn zu verraten. Nachdem wir uns am nächsten Tag im Synagogenhof versammelt hatten, wurden wir in das jüdische Gemeindezentrum der Bezirkshauptstadt Nyíregyháza verbracht. Dort hatte man die Juden aus 61 Ortschaften der Umgebung konzentriert, insgesamt 17.580 Menschen, einschließlich der 5.000 Personen von Nyíregyháza selbst. Nach einigen Tagen wurden wir auf drei Ghettos verteilt, die man auf landwirtschaftlichen Gütern mit eilig erstellten Notunterkünften eingerichtet hatte.

Wir kamen auf ein Gut namens Simapuszta, das mit Stacheldraht eingezäunt war. Untergebracht wurden wir auf der Tenne und in den Rinder- und Pferdeställen. Das Ghetto wurde von Gendarmen bewacht. Kein Mensch ging ein oder aus. Wir waren von jeglicher Verbindung zur Außenwelt abgeschnitten. Zum Glück war es warm und das schöne Wetter erleichterte uns das Leben. Tag für Tag liefen wir tatenlos in der Gegend umher. Es gab sogar ein Familienereignis: Mein Bruder Dov-Ber hatte das Bar-Mizwa-Alter erreicht, aber kein Mensch achtete darauf.

Bartträger rasierten sich, um unnötige Belästigungen zu vermeiden, da der Bart für die Judenhasser den häßlichen Juden symbolisierte. Auf diese Weise traten bartlose Gemeindeführer im Gewand von Gojim auf, so daß ich sie kaum mehr erkannte. Das galt auch für Rabbi Aaron Teitelbaum, der sich einen dicken Schnurrbart stehen ließ und eine bäuerliche Pelzmütze auf dem Kopf trug.

*Der Schicksalstag*

Am 25. Mai 1944 erging Anweisung, unsere Sachen zu packen, und gleich darauf erfolgte der Abmarsch zur provisorischen Bahnstation. Ich hatte schon Erfahrung von der Deportation 1941, kannte die Demütigungen und Qualen in einem Güterwagen oder, genauer gesagt, in einem Viehwaggon. Auch damals waren wir mehrere Tage und Nächte unterwegs. Doch diesmal war ich drei Jahre älter und hatte Menschen um mich, mit denen ich aufgewachsen und tagtäglich zusammen gewesen war. Das machte alles schwerer erträglich. Andererseits tröstete ich mich damit, daß wir auch jetzt wieder der Hölle entkommen würden, wie beim letzten Mal.

Die Nähe der Roten Armee gab diesen falschen Hoffnungen und Illusionen weitere Nahrung. Selbst die Klügsten und Gebildetsten unter uns hatten keine Vorstellung von dem, was uns bevorstand. Die allgemeine, auch von den Bewachern bestätigte Meinung ging dahin, daß man uns in ein Arbeitslager verbringe, in dem wir bis zum Ende des Krieges bleiben müßten.

Geleitet wurde das ganze Unternehmen von den Ungarn und vor allem von Gendarmen. Ich sah die mir bereits bekannten Viehwagen. Die Türen standen offen, doch die vergitterten Lüftungsluken waren abgedeckt worden, um uns die Aussicht auf die Strecke zu versperren. In jeden Waggon pferchte man 70-80 Menschen.

Jeder Transport umfaßte 3.000 - 3.500 Menschen, und jeden Tag fuhren aus unserer Gegend vier Züge nach Auschwitz ab. In jeden Waggon kamen zwei Eimer, einer mit Trinkwasser, der andere für die Notdurft. Unter Lärm und Geschrei von allen Seiten wurden die Schiebetüren zugeknallt und verriegelt. Ich hatte das Gefühl, einen Holzhammer auf den Kopf zu bekommen: Plötzlich war es einem schwarz vor Augen. Es dauerte eine Weile, bis man sich an das Schummerlicht im Waggon gewöhnte. Die Kinder begannen vor lauter Angst zu weinen. Wir ordneten uns so, daß Alte und Kinder liegen konnten, während die Jüngeren abwechselnd durch die Ritzen spähten, um möglichst Informationen über die Fahrtstrecke zu sammeln.

Im Nachhinein habe ich einiges über unsere Transporte erfahren. Gelegentlich fand eine Vorselektion statt, bei der Alte und Kinder in getrennte Waggons kamen. Die Deutschen beabsichtigten, uns zu zermürben, damit wir schon stark geschwächt in Auschwitz ankämen. Sie fürchteten Übergriffe von

Partisanen, die außerhalb Ungarns bereits mancherorts aktiv waren. Deshalb hatten sie es eilig und bemühten sich, jeden Transport innerhalb von drei Tagen nach Auschwitz zu bringen.

In teuflischer Logik kümmerten sie sich auch um Öffentlichkeitsarbeit und wollten daher nach außen hin ein gewisses Maß an Menschlichkeit zeigen, wobei sie nicht zögerten, sogar ihren treuen ungarischen Bündnispartner hinters Licht zu führen. Zum Beweis filmten die Deutschen eine Szene, bei der ungarische Gendarmen die Juden grob in die Waggons prügelten. Als der Transport dann im slowakischen Košice ankam, wo deutsche Bewacher die ungarischen Begleiter ablösten, wurde weiter gefilmt, wie die Deutschen die Juden anlächelten und freundlich behandelten. Dieser Film wurde dann Vertretern des Roten Kreuzes vorgeführt, in der Absicht, die Ungarn anzuschwärzen.

Trotz der deutschen Anstrengungen, uns die Fahrtrichtung zu verbergen, konnten wir einzelne Ortschaften erkennen und daraus schließen, daß wir in Polen angekommen waren. Aber von dem genauen Ziel der Fahrt ahnten wir nichts. Unterwegs verstarben einige kranke, alte Menschen, die den Strapazen der Fahrt nicht gewachsen waren.

## Gedanken vor dem Eintritt in die Hölle

In der Talmud-Thora-Schule hatten uns die Lehrer den Zusammenhang von Sünde und Strafe erklärt. Die Bösen und Sünder würden nach dem Tod ihre Strafe erhalten. Im Himmel hinter den Bergen des Dunkels befände sich die Hölle, in deren Feuer die Bösen verbrennen müßten.

Hier stehe ich nun am Eingang zur Hölle, bin noch am Leben, in dieser Welt. Ich weiß nicht, was ich gesündigt habe. Doch was haben die Abertausende kleiner Kinder verbrochen, die unschuldig in den Tod geschickt wurden?

Die jüdische Folklore kennt den Todesengel als bedrohliche Mordgestalt. Als Kind habe ich mir den Todesengel als Scheusal mit Hörnern und vorstehendem Gebiß vorgestellt.

Jetzt stehe ich Aschmedai[50], dem schrecklichen König der Dämonen, gegenüber, aber er sieht aus wie ein gewöhnlicher Mensch, entstammt einer europäischen Kulturnation. Und doch liegt es in seiner Macht, über das Schicksal Tausender Menschen zu entscheiden: Wer leben und wer sterben soll.

---

[50] Asmodäus, Dämomenfürst in der Salomo-Sage; vgl. Encyclopedia Judaica. Vol. 3, Jerusalem 1971, S. 754f.

*Auschwitz, 28. Mai 1944*[51]

Eine ungelöste Frage ist mir geblieben: Warum? Warum haben sie meine Familie und noch Millionen andere vernichtet? Wir hatten ihnen doch keinen Krieg erklärt. Hatten nie von ihnen gehört und ihnen nichts angetan. Kein Mensch kann mir Antwort geben. Auch wenn ich heute Deutsche treffe, stelle ich diese Frage, aber eine Antwort gibt es nicht.

## Auschwitz-Birkenau

"Arbeit macht frei" stand über dem Lagertor. - Unser Zug hielt an der Rampe in Birkenau. Sofort wurden die Türen aufgerissen, und unter schrillen "Raus! Raus!"-Rufen stießen und schlugen die Wärter die Angekommenen, um sie zum hastigen Aussteigen zu bewegen. Menschen in Lagerkleidung, die ich hier zum erstenmal sah, hörte ich zu meiner Überraschung Jiddisch sprechen. Bis heute kann ich ihr Schweigen nicht verstehen. Warum machten sie uns nicht die kleinste Andeutung? Sie halfen den Alten und Behinderten beim Aussteigen. Als ich aus dem Zug stieg, konnte ich kaum sehen, so blendete mich das Tageslicht. Eine Kapelle in Häftlingskleidung spielte Musik.[52] Gewiß war das ein weiteres Täuschungsmanöver der Deutschen. Wir mußten alle persönlichen Habseligkeiten zurücklassen. Um uns zu beruhigen, teilte man uns mit, wir bekämen die Sachen später ausgehändigt.

Irgendwie blieb mein Blick an einem alten Juden hängen, der aus dem Waggon kletterte. Er folgte nicht den Anweisungen der Deutschen, sondern drückte arglos die Samthülle mit Gebetsmantel und Gebetsriemen an die Brust. Ein SS-Soldat bemerkte ihn, rannte los, riß ihm die Samttasche aus den Händen und schleuderte sie wütend zwischen die Räder des Zuges. Ich beobachtete diesen Frevel an den geheiligten Gegenständen und harrte einer Antwort des Himmels. Nach meiner damaligen Sicht hätte der SS-Mann auf der Stelle zusammenbrechen müssen. Doch nichts geschah. Enttäuscht sagte ich zu Vater auf Jiddisch: "Tate! "S ist kein Gott!" ("Vater! Es gibt keinen Gott")

Das Gewimmel war groß, ein wahres Menschenmeer, Familien kämpften zäh darum zusammenzubleiben. Hier und da suchten verirrte Kinder bitterlich

---

[51] Vgl. Danuta Czech, Kalendarium der Ereignisse in Konzentrationslagern Auschwitz - Birkenau 1939-1945. Hamburg 1989, S. 787.

[52] Vgl. Jacques Stroumsa, Geiger in Auschwitz - Ein jüdisches Überlebensschicksal aus Saloniki 1941-1967. Konstanz 1993.

weinend ihre Eltern, aber kein Mensch beachtete sie in dem Gedränge. Die Deutschen trennten Männer und Frauen. Zwei Kolonnen schoben sich nun nebeneinander vorwärts. Man trieb uns mit Schlägen zur Selektionsstelle weiter. In kürzester Zeit war es ihnen gelungen, uns in eine dumpfe Viehherde zu verwandeln, die gehorsam jedem unverständlichen Schrei gehorchte. Hatte einer die Schreie nicht verstanden, half man seinem Begriffsvermögen mit Schlägen und Stößen nach. Wir trieben mit dem Strom weiter, ohne zu wissen, wohin wir gingen und was man mit uns vorhatte.

Als wir uns der Selektionsstelle näherten, merkte ich, daß der Strom sich in zwei teilte, erfaßte aber noch nicht die Bedeutung dieses Vorgangs. Vor uns standen SS-Offiziere, die die "Selektion" vornahmen - ein Begriff, der ins Lexikon der Schoáh eingegangen ist. Wie gesagt, war dies meine erste unmittelbare Begegnung mit dem Satan. Mit einem Fingerzeig nach rechts oder links wurde über Abertausende von Menschen der Stab gebrochen.

Im Nu sah ich, daß Vater nach links geschickt wurde, und ging ihm instinktiv nach. Dann wandte ich mich nach den übrigen Familienmitgliedern um und sah, daß man sie in die andere Richtung wies. Ich konnte gerade noch Mutter mit meinem nachgeborenen Bruder Levy auf den Armen davongehen sehen. Die übrigen drei Kinder mit meinem Cousin Jossele und Großmutter hielten sich an den Händen vor Furcht, auseinander gerissen zu werden. Ich rief ihnen laut "Mamme! Mamme!" nach, aber meine Stimme drang nicht an ihre Ohren. Dieses Bild, wie sie dort meiner Sicht entschwanden, hat sich meinem Gedächtnis tief eingeprägt und taucht von Zeit zu Zeit wieder auf. Ich denke, es wird sich niemals verwischen. Bis heute quält mich die Tatsache, daß ich nicht von ihnen Abschied nehmen konnte. In jenem Augenblick hatte ich keine Ahnung, wohin man sie führte, sondern tröstete mich in der Annahme, sie bald wiederzusehen.

Auf dem Lagergebiet wurde eine zweite Selektion vorgenommen. Man fragte jeden nach seinem Beruf. Ich sagte, ich sei Schlosser, und Vater tat es mir nach. Man zeigte mir einen Meßschieber. Zum Glück hatte ich dieses Gerät bei Schlosser Klein in Nyírbátor benutzt und konnte seine Funktion zur Zufriedenheit der Prüfer vorführen. Hastig erklärte ich Vater das Prinzip. So bestand auch er die Prüfung und wir blieben zusammen.

Um uns jeden Verdacht zu nehmen, führte man uns im Lager an einer Baracke vorbei, in deren Hof scheinbar friedlich lebende Kinder spielten. Auch das war ein Täuschungsmanöver.

Im Lagerbereich ging alles militärisch zu. Die Fortbewegung von Ort zu Ort erfolgte nur in Dreierreihe und unter gebrüllten Marschbefehlen: "Links!

Rechts! Eins, zwei, drei!" Egal, ob man Deutsch verstand oder nicht - wehe, man gehorchte nicht den Befehlen. Das Angstvollste waren die Appelle. Bei jedem Appell stand eine Selektion zu erwarten. Manchmal ließ man uns stundenlang strammstehen, ohne daß wir wußten, was dann kommen würde. Ich sah viele Menschen in Häftlingskleidung und dachte mir, sie seien wohl woanders her. Uns hatte man versprochen, wir würden zur Arbeit geschickt, und gewiß warteten wir nur auf Transportmittel. Dann erging erneut Befehl, in Dreierreihe Aufstellung zu nehmen, und unter begleitenden Schreien marschierten wir zu der Baracke, die "Sauna" genannt wurde.

In dieser leeren Baracke mußten wir uns im Kreis aufstellen und erhielten energisch Order, die Taschen zu entleeren, jeden Wertgegenstand aus seinem Kleiderversteck zu ziehen, etwa Eingenähtes hervorzuschälen und alles auf die große Decke zu werfen, die auf dem Boden ausgebreitet lag. Die Halunken, die uns mit gezückten Waffen umstanden, versetzten uns wie echte Räuber in Angst und Schrecken. Man warnte uns: Wer es wagen sollte, Wertgegenstände zu verbergen oder in Kleidung oder Schuhen eingenäht zu lassen, spiele mit seinem Leben. Schweren Herzens holte ich die eingenähten Geldscheine hervor - Geld, das Mutter von ihrer Hände Arbeit gespart hatte.

Danach mußten wir uns nackt ausziehen und in einen Nebenraum begeben. Dort schnitt man uns das Kopfhaar, ließ uns dann auf eine Bank steigen, die sich die ganze Wand entlang zog, und fertigte uns wie am laufenden Band ab. Man rasierte uns alle Körperhaare, desinfizierte uns mit einer Flitspritze, besprühte besonders die Stellen, die behaart gewesen waren, und all das unter lauten Pöbeleien, Juden stänken und müßten peinlich auf ihre Hygiene achten. Das Absprühen mit Desinfektionsmittel verursachte furchtbares Brennen auf der Haut. Als nächstes setzte man uns auf einen Stuhl, und die Barbiere, die nicht gerade geübte Friseure waren, schoren uns mit abgewetzten Klingen einen zwei Finger breiten Streifen von der Stirn bis zum Nacken, der die deutsche Bezeichnung "Läusestraße" erhielt. In einem anderen Raum händigte man uns die gestreifte Häftlingskleidung aus: Hose, Hemdjacke und eine Art Barett. Die Kleidungsstücke hatten keine Taschen. In Häftlingskleidung fühlte sich jeder von uns gedemütigt. Erwachsene und ehrwürdige Menschen in ihrer Schmach zu sehen, war nicht leicht. Um die Verlegenheit zu überwinden und uns abzulenken, machten wir uns erstmal über das Aussehen unserer Mitmenschen lustig. Vorerst beließ man uns die eigenen Schuhe. Wir erhielten je einen Blechteller mit Loch am Rand, damit man ihn sich an die Taille hängen konnte, eine Blechtasse und einen Aluminiumlöffel.

Da wir nicht lange im Lager Auschwitz blieben, bekamen wir keine Nummer auf den Arm tätowiert wie die übrigen Häftlinge. Statt dessen übergab man uns Stoffstreifen, die unsere Häftlingsnummer nebst einem Dreieck auf gelbem Grund trugen - das Zeichen für Juden. Vater erhielt die Nummer 42648, ich die Nummer 42649. Der eine Streifen wurde links über der Brust auf die Jacke genäht, der andere rechts über dem Knie auf die Hose. Nachdem wir alle Stadien durchlaufen hatten, versammelten wir uns draußen in Erwartung des nächsten Appells.

Zu unserer Gruppe kam ein Mann ungarischer Herkunft, der den Grafentitel besaß, aber wegen seiner jüdischen Abstammung nach Auschwitz verschleppt worden war. Dieser Graf hatte die Orden versteckt halten können, die die Deutschen ihm im Ersten Weltkrieg verliehen hatten, darunter auch das Eiserne Kreuz. Die Bedeutung dieser Auszeichnung war so groß, daß die deutschen Soldaten ihm hätten salutieren müssen. Der Graf heftete die Orden an seine Häftlingskleidung, in der Hoffnung, die Deutschen würden ihn daraufhin anständig behandeln. Doch der SS-Befehlshaber sah es, stürzte sich wütend auf den Grafen und riß ihm die Orden von der Brust mit den Worten: "Sie beschämen und entehren das deutsche Volk und meine Heimat!"

### *Die Rede*

Der SS-Unteroffizier, der das Kommando über uns erhielt, war ein Primitivling mit unbeschränkter Machtbefugnis, ein einfacher, ungebildeter Bauerntyp, dessen Haß und Despotismus keine Grenzen kannte. Er ließ uns auf dem Platz vor der Baracke, aus der wir gekommen waren, antreten. Schon im Voraus hatte er dort eine Kiste an die Wand gestellt, um sie als Podium zu benutzen. Um seine Überlegenheit zu demonstrieren, stieg er darauf und begann seine großartige Rede.

Mit viel Pathos und in schreiendem Ton erklärte er: "Von nun an seid ihr keine Menschen mehr! Ihr seid Untermenschen! Deshalb habt ihr keine Namen mehr! Namen gibt man nur Menschen. Ihr habt nur eine Nummer und von jetzt an werde ich jeden bei seiner Nummer aufrufen!" Ich dachte mir, die Nummern sind gewiß seine Rettung, denn dieser Analphabet hätte wohl kaum Namen vom Blatt ablesen können. Mitten in seiner Rede zückte er drohend seine Pistole und sagte: "Über mir gibt es nur noch Gott! Ich kann jeden von euch erschießen, ohne irgendwem Rechenschaft geben zu müssen."

Nachdem er seine grandiose Rede beendet hatte, mußten wir wieder Dreierreihen bilden und unter dem üblichen Gebrüll zum Wohnblock marschieren.

Es war ein länglicher Bau mit Wohnzellen zu beiden Seiten, den sogenannten "Boxen". Die Boxen aus Holz waren in Stockwerken übereinander angeordnet, ähnlich wie Lagerregale. In jede Box wurden mehrere Menschen gezwängt. Wir konnten darin weder sitzen noch stehen, nur untätig herumliegen. Durch das lange Liegen auf dem völlig ungepolsterten Holzbrett bekamen wir Schmerzen am ganzen Leib. Deshalb meldete ich mich bald freiwillig als Fäkalienträger für das Hinaustragen und Ausleeren des "Scheißkübels", wie das bei den Deutschen hieß. Den Kübel trug ich mit einem Partner hinaus. Unweit unseres Blocks entdeckten wir, daß dort ganz ähnliche Kübel mit Essen standen. Ich gab meinem Partner einen Wink, die Behälter auszutauschen. Zum Glück bemerkte uns keiner, als wir mit dem Kübel zum Block liefen. Wir verteilten die sämige Suppe unter uns allen und vermochten den Kübel so in Windeseile zu leeren, um ihn wieder in einen Toilettenkübel zu verwandeln.

Der "Blockälteste", der dem jeweiligen Block vorstand, war normalerweise ein Jude. Auch die Kapos sprachen fast alle Jiddisch, denn es war ja wichtig, daß alle sie verstanden. Was Grausamkeit anbetraf, unterschieden sie sich allerdings nicht von den deutschen Bewachern. Der Unterschied bestand nur darin, daß die Kapos einen Stock hatten, die Deutschen eine Schußwaffe.

In der Mitte des Blocks erstreckte sich den ganzen Fußboden entlang eine Art liegender Backstein-Schornstein. Die Öffnung zeigte zum Blockeingang. In diese Öffnung mußte ein Delinquent den Kopf stecken, während man ihm das nackte Gesäß verprügelte.

Nach einigen Tagen mußten wir zum Appell antreten, erhielten eine Extraration Brot ("a Razie Broit" im jiddischen Lagerjargon) marschierten durch das Lagertor und warteten auf den Lastwagen. Beim Warten sagte mein Vater: "Weißt du, daß heute das Wochenfest ist?" Und tatsächlich, am Wochenfest des Jahres 5704 (1944) verließen wir Auschwitz. [53]

## Das Lager Fünfteichen

"Fünfteichen"[54] war eines der vielen Nebenlager des Hauptlagers Groß-Rosen in Niederschlesien. Der Ort erscheint nicht auf der Landkarte, weil Fünfteichen speziell für die deutsche Rüstungsindustrie errichtet wurde. Die Baulei-

[53] Wochenfest, d.h. "Pfingsten" 1944, vgl. Danuta Czech, Kalendarium, Hamburg 1989, S.787ff

[54] Meleschwitz oder Fünfteichen (Laskowitz oder Markstaedt), Kreis Breslau; vgl. Martin Weinmann (Hg.) Das nationalsozialistische Lagersystem. Frankfurt 1990, S.274 u. 646.

tung unterstand NS-Reichsminister für Bewaffnung und Kriegsproduktion Albert Speer. Die Rüstungsproduktion oblag der Firma Krupp.

Von Auschwitz wurden wir direkt nach Fünfteichen gebracht, um als Zwangsarbeiter in der Waffenindustrie zu dienen. Wir wurden in zwei Gruppen eingeteilt: die Gruppe Speer und die Gruppe Krupp. Mein Vater und ich kamen zur Gruppe Speer, die sich mit Bauarbeiten beschäftigte. Die Unterkünfte im Lager waren nach Gruppenzugehörigkeit getrennt. Gleichzeitig wurden auch Juden aus Polen ins Lager verlegt, überwiegend aus dem Ghetto Łódź. Das war für mich die erste Begegnung mit Juden aus einem anderen Land. Zu meiner Gruppe gehörten viele Juden aus Ungarn, die kein Jiddisch verstanden. Diese Verständigungsschwierigkeit wirkte sich auf die Beziehungen zwischen Polen und Ungarn aus. Zum Glück konnte ich Jiddisch und verstand auch ein wenig Polnisch, das ich von meiner Mutter gelernt hatte. Wenn mich wieder mal der Hunger befiel, begann ich, wie andere Hungerleidende, in meinen Taschen nach Krümeln zu schaben. Dazu bemerkte ein polnischer Jude, der schon lange im Lager war, auf Jiddisch: "Du Hirensi! Du hast noch Schmutz in die Oiren fun derheim und du kratzt schoin in die Keschenes?" Auf Deutsch übersetzt heißt das in etwa: "Du Hurensohn! Hast noch Dreck von daheim hinter den Ohren und kratzt schon in den Taschen?" Der Ärger rührte daher, daß diese Menschen schon einige Jahre im Lager vegetierten, während wir gewissermaßen erst gestern aus der Fülle eingetroffen waren.

Auf der Baustelle wurden wir einer Lastträgergruppe zuteilt, die Zementsäcke aus dem Güterzug ablud, der bis an die Baustelle fuhr. Die Order lautete, daß man auf der Baustelle nicht gehen, sondern nur rennen durfte. Das heißt, alle Arbeiten mußten im Laufschritt verrichtet werden, auch das Abladen der Zementsäcke. Wir rannten gebückt im Bogen zum Waggon, zwei Häftlinge warfen mir einen Zementsack von einem Zentner Gewicht auf die Schultern, und ich mußte damit weiterrennen bis zur Zementmischmaschine, den Sack abwerfen und ohne Aufenthalt weiterrennen, immer im Kreis herum. Die Bewacher trieben uns von der Mitte des Kreises mit der Peitsche an, und wehe, wenn jemand es wagte, das Tempo zu verlangsamen. Sofort peitschten sie auf ihn ein und manchmal drohten sie auch mit gezückter Pistole. Diese Situation erinnerte mich an ein Bild in der Pessach-Haggada, das zeigte, wie ägyptische Sklavenaufseher die hebräischen Sklaven mit Peitschen antrieben. Diese Assoziation war wohl noch einem anderen eingefallen, denn im Rennen begann er das Pessach-Lied "Sklaven waren wir" zu singen.[55] Bei Arbeitsschluß klebte meine Haut vor Zementstaub und Schweiß.

Nachdem diese Arbeit abgeschlossen war, wurden Vater und ich einer anderen Gruppe zugeteilt, die Eisenrohre zu schleppen hatte. Die Deutschen sparten keine Mühe, um die Fabrikgebäude schnell hochzuziehen. Sie mobilisierten alle Arbeitskräfte und Maschinen und auf der Baustelle liefen Dutzende Zementmixer. Der Zementbrei wurde durch verbundene Eisenrohre bis zur Höhe der Gußformen gepreßt. Gelegentlich mußten wir die Rohre an eine neue Gußstelle verlegen. Dazu wurden die Rohre auseinander genommen. Wir mußten sie auswaschen und an die erforderliche Stelle bringen. Mein Partner beim Rohre-Schleppen war mein Vater, und da er kleiner war als ich, fiel ihm mehr Gewicht zu. Entdeckte ich beim Tragen eine saftige Wildpflanze auf der Wiese, zögerte ich nicht, das Rohr abzulegen und sie zu essen. Die Hungersnot, die den Menschen dazu zwingt, sich wegen eines Stückchens Brot zu erniedrigen, hindert ihn auch daran, an die möglichen Folgen seines Tuns zu denken.

Hunger und Leid hinterließen ihre Zeichen. Wir magerten rapide ab, waren bald nur noch Haut und Knochen. Beim Rohre-Schleppen auf der nackten Schulter scheuerte ich mir die Haut blutig.

### *Die erste Begegnung mit dem Todesengel*

Mir wurde eine neue Aufgabe zugeteilt: Ich mußte über der Gußform für einen etwa zwei Stockwerke hohen Gebäudepfeiler stehen und mit einem Schieber den aus einem Rohr quellenden Betonbrei in die Holzform stoßen. Auch hier standen rechts und links SS-Wachen, die uns keinen Moment aus den Augen ließen. Ich schob den Beton im Takt einer Maschine und wäre vor Überanstrengung beinah umgekippt. Als ich einmal kurz innehielt, ertappte mich ein Wachmann und zögerte nicht, mich in den Betonbrei in der Form zu stoßen. Unterdessen floß der Beton weiter, und ich sank tiefer und tiefer, bis die Masse mir schon bis an die Brust reichte. Im letzten Moment gelang es meinem Vater, mich mit Hilfe einiger Kameraden herauszuziehen. Ich war nicht der einzige, der in den Beton geworfen wurde, und nicht allen gelang es, sich wieder herauszuarbeiten.

Ich hatte Verständigungsprobleme mit den Deutschen. Deutsch konnte ich nicht und Jiddisch half mir nicht immer weiter. Einmal fragte ich einen Deut-

[55] Vgl. Anna Ornstein, Versklavung und Befreiung - Jüdische Schicksale aus Ungarn als zeitgemäße Pessachgeschichten. Konstanz 2001.

schen nach einer Zange, um einen Nagel aus einem Brett zu ziehen. Ich erklärte ihm auf Jiddisch, ich wollte "a Tschwok" herausziehen. Der Deutsche begriff nicht, was ich wollte, bis ich lernte, daß Tschwok "Nagel" heißt. Die Wachen waren sehr mißtrauisch, wenn wir Jiddisch sprachen, denn sie dachten sofort, wir verfluchten sie.

Damit die Deutschen nicht verstanden, was wir redeten, entwickelte sich im Lager eine neue Sprache, die Ersatzwörter für die jiddischen Begriffe prägte. Später erfuhr ich, daß diese Sprache in fast allen Lagern bekannt war. Zum Beispiel ersetzte man das Wort "Goj" (Nichtjude) durch den jiddischen Ausdruck "Orel" (Unbeschnittener). Näherten sich Wächter, gab man das Zeichen "sechs" für die jiddische Zahl "schesch", um durch dieses "schsch" Schweigen zu gebieten. Den Wächtern legten wir Spitznamen bei, damit wir wußten, wer in der Gegend auftauchte, zum Beispiel: Amalek,[56] Aschmedai, Haman,[57] Rascha (Bösewicht). Ich mußte auch die Spezialausdrücke der aus Polen stammenden Juden lernen, d. h. die polnischen Worte in ihrem Jiddisch. Wenn wir in Dreierreihen marschierten, bemerkte mein Hintermann: *"kuże nicht!"* ("Wirbelt keinen Staub auf!"). Und auch bisher ganz unbekannte Flüche hörte ich, wie etwa "Oirenbeißer" ("Ohrenbeißer") oder "Hirensi" ("Hurensohn") oder "Schiss a wint!" ("Hau ab!")

Die meisten von uns gerieten in einen Zustand völliger Erschöpfung. Wer die harten Bedingungen nicht ertragen konnte, starb gleich zu Anfang, darunter auch meine Schulkameraden, die zu Hause an ein üppiges Leben gewöhnt gewesen waren. Zu meinem Glück hatte ich mich daheim wie die Bauern ernährt. Deshalb war ich widerstandsfähiger, konnte die Leiden leichter ertragen und mich eher mit Gräsern und Kartoffelschalen begnügen, die für mich eine besondere Delikatesse waren.

Glücklicherweise hatten wir nach einem Monat unsere Aufgaben in Fünfteichen erfüllt und wurden in ein anderes Lager nach Görlitz verlegt.

## Görlitz-Biesnitzer Grund

Das Konzentrationslager Biesnitzer Grund wurde in der ersten Hälfte des Jahres 1943 auf dem Gelände einer stillgelegten Ziegelfabrik in der niederschlesischen Stadt Görlitz errichtet. Auch das Lager Görlitz war ein Nebenlager des

[56] Amalekiter, israelfeindliches Volk (5 Mose 25, 17-19)

[57] Bösewicht in der Esther-Legende, der die Juden im alten Persien vernichten wollte.

Hauptlagers Groß-Rosen.[58] Anfangs befanden sich rund 900 Häftlinge in diesem Lager, doch innerhalb kurzer Zeit stieg die Zahl der jüdischen Insassen auf 1200, darunter auch Frauen. Die Häftlinge arbeiteten in einer großen Rüstungsfabrik namens (Waggon- und Maschinenbau AG Görlitz, S. 149).

1945 hatte die Stadt Görlitz rund 100.000 Einwohner. Nach der Eroberung der Stadt durch die Rote Armee am Ende des Zweiten Weltkriegs wurde Görlitz geteilt: Das rechte Neiße-Ufer wurde Polen angegliedert und erhielt nun den Namen Zgorzelec. Das linke Ufer der Stadt blieb bei Ostdeutschland.

Der Befehlshaber der Gegend, Dr. Bruno Malitz, mit offiziellem Titel "Kreisleiter oberster Volkssturmführer des Kreises Görlitz", und der Görlitzer Bürgermeister, Dr. Hans Meinshausen, regierten selbstherrlich über Görlitz. Malitz war von Amts wegen für das Rüstungswerk WUMAG und das Konzentrationslager verantwortlich. Er war auch der Oberbefehlshaber der SS-Einheit des Kreises. Diese beiden Nazis wurden nach dem Krieg geschnappt, vor Gericht gestellt, 1948 zum Tode verurteilt und hingerichtet (S. 149).

*Das Lager*

Wie gesagt, war das Lager auf dem Gelände einer stillgelegten Ziegelfabrik entstanden. Als einziges Gebäude war die Brennerei mit dem hohen Schornstein übrig blieben. Das Lager war von zwei unter Strom stehenden Stacheldrahtzäunen umgeben, zwischen denen in voller Länge ein Graben entlang lief. Am Eingangstor stand ein Wachposten. Ein Stückchen weiter, rechts des Lagers, lagen die Quartiere der Soldaten. Zur Linken führte ein Weg zum Frauenlager, das vom Männerlager völlig isoliert war. Auf einem Hügel hinter dem anderen Ende des Lagers wohnte Oberlagerführer Zunke. Die Wohnbaracken, oder richtiger die Blocks, der Häftlinge standen nebeneinander. Für jeden Block wurde ein Blockältester ernannt. Die Deutschen bedienten sich in den Lagern einer Anzahl jüdischer Häftlinge, die Vorrechte, bessere Bedingungen und reichhaltigere Nahrung genossen, solange sie die Durchführung des grausamen Regiments über ihre Mithäftlinge unterstützten. Das waren die Kapos und die Blockältesten.

Im Zentrum des Lagers befand sich der Appellplatz. Darum gruppierten sich die Blocks, die Küche mit einem Spülstein draußen, der Schweinestall und das Krankenrevier, das wir auch "Leichenkammer" nannten, weil nur wenige lebendig wieder von dort herauskamen. Die Blocks enthielten Etagenbetten mit

---

[58] E. Jäckel et al., Enzyklopädie des Holocaust. Band I, München 1995, S. 568f.; Martin Weinmann, a.a.O., S. 276, 578, 580, 644.

einem strohgefüllten Jutesack, der eine Matratze sein sollte, und einer einzigen Wolldecke. In jedem Bett waren zwei Häftlinge untergebracht. In der Mitte des Blocks stand ein Heizofen.

Von Fünfteichen waren wir mit Lastwagen nach Görlitz gebracht worden. Wir hatten Glück gehabt, denn Gruppen, die in andere Lager kamen, mußten den Weg zu Fuß zurücklegen, wobei viele unterwegs umkamen. Unser Einzug ins Lager vollzog sich mit militärischem Zeremoniell. Im Gleichschritt marschierten wir in Fünferreihe durch das Lagertor direkt zum Appellplatz. Unsere Gruppe bestand aus polnischen und ungarischen Juden. Die bisherigen Lagerinsassen scharten sich in einiger Entfernung von uns, in dem Versuch, womöglich einen Verwandten oder Bekannten in unserem Trupp zu erspähen. Doch jeder Kontakt der Alteingesessenen mit uns wurde von den Wachleuten verhindert. Auf dem Appellplatz stand uns die gesamte Lagerleitung gegenüber: Lagerkommandant Zunker, Lagerleiter Sedlak, der Lagerälteste Hermann Tschech und der Lagerkapo Jakob (Jankel) Tannenbaum.

Die Anweisungen und Befehle wurden uns auf Jiddisch von Jakob Tannenbaum mitgeteilt, der hier als Hauptsprecher fungierte. Er warnte uns, daß wir für Regelverstöße mit dem Leben büßen würden. Anfangs war ich froh, daß wir endlich einen Befehlshaber hatten, der Jiddisch sprach. Das wäre gewiß von Vorteil, sollte sich aber als Illusion erweisen. Zu meinem Leidwesen wurden meine Hoffnungen derart enttäuscht, daß mir manchmal ein Deutscher lieber war als Jankel Tannenbaum.

Man teilte uns in zwei Arbeitsgruppen auf, eine für den Maschinenbau, die andere für den Waggonbau. Nach dieser Einteilung bestimmten sich auch die Wohnbaracken. Mir war es wichtig, nicht von Vater getrennt zu werden, sondern in derselben Gruppe zu bleiben. Zum Glück gelang uns das.

Nach Beendigung der Ansprachen blieben wir lange ohne Essen und Trinken auf dem Appellplatz stehen. Wir hatten keine Ahnung, was man mit uns vorhatte. Wir durften nicht miteinander reden. So hing jeder seinen Gedanken nach. Ich blickte mich um und sah ein wohlorganisiertes, geordnetes Lager, im Gegensatz zu dem vorigen Lager, aus dem ich gekommen war. Die Selbstsicherheit der Deutschen und die perfekte Organisation machten mich derart skeptisch, daß ich mich bereits mit dem Gedanken abfand, der Traum vom "1000-jährigen Reich" könne womöglich wahr werden. Vom Weltgeschehen und von den Ereignissen an der Kriegsfront hatte ich keine Ahnung. Ich dachte, die Deutschen herrschten schon über die ganze Welt, und grübelte, was mein Los hier sein würde. War dies das Ende meines Lebensweges?

Die Deutschen planten, uns systematisch in Sklaven[59] zu verwandeln, uns geistig und körperlich zu zerrütten und soweit zu bringen, daß wir widerstandslos ihren Befehlen gehorchten. Tatsächlich verfielen einige von uns in Verzweiflung und hielten nicht lange stand.

Mitten in meinen pessimistischen Grübeleien schreckte ich abrupt wie aus einem Alptraum auf. Ich redete mir ein, daß ich leben wolle. "Verzweifle nicht in der Stunde der Gefahr!" (Israel Kohen) Dieser Spruch wurde mir zur Losung. Offenbar übte dieser Beschluß auch physische Wirkungen aus, denn ich spürte jetzt nicht mehr die Müdigkeit von dem langen Stehen. Ich war Herr meines Schicksals. Es gab hier keine Weisen und Gebildeten, an die man sich hätte halten können. Jeder war für sich selbst verantwortlich. Diese Denkweise brachte ich auch Vater bei. Wir beschlossen, die Worte "Hunger" und "hungrig" aus unserem Wortschatz zu tilgen, weil wir bei ihrer Erwähnung nur noch hungriger wurden. Ich entwickelte eine Autosuggestion, mit deren Hilfe ich alle möglichen Schwächen überwinden könnte, und zum Schluß half es tatsächlich.

Vor dem Abtreten vom Appellplatz stellte uns der Kapo Jankel Tannenbaum die Blockältesten vor. An einige Namen erinnere ich mich noch: Wolkowitz, Gerschon, Angel, Eichner und Dwaski, alle aus Polen. Der Einzige aus Karpatorußland war Rosenfeld, ein religiöser Mann, der sich relativ fair verhielt.

Die Lagerroutine umfaßte neben der Fabrikarbeit auch Putzdienst auf dem Lagerhof und in den Latrinen und - Kartoffelschälen...

Die schlimmste Aufgabe, die mir einmal zufiel, war das Aufladen von Leichen auf Karren. Die Leichen wurden in einem Keller gesammelt und mit Kalk bestreut. Wenn 40 bis 50 zusammen waren, kam ein Transportunternehmen von draußen und fuhr die Leichen zu einem Krematorium in Görlitz, Zittau oder auch Groß-Rosen. Manchmal entdeckte ich Bekannte unter den Toten und sagte dann zu meinem Partner: "Guck mal, hier ist der und der." Fast war ich froh, einen Bekannten unter den Leichen anzutreffen. Das Makabre an der Sache störte mich damals nicht.

In unserer Freizeit beschäftigten wir uns mit Läusefangen. Die Tierchen liefen vor allem in den Kleidernähten herum. Wir kratzten die Läuse heraus und knackten sie mit den Fingernägeln. Zum Spaß veranstalteten wir auch Läuserennen. Wir zogen eine Zielgerade auf dem Boden und wetteten um ein Stückchen Brot, wessen Laus als erste die Ziellinie überschreiten werde. In einem

[59] Vgl. Anna Ornstein 2001.

Fall freute sich der Sieger so sehr, daß er die Laus aufhob und zurück in seine Kleider setzte, wobei er murmelte: "Du bringst mir Glück, dich behalte ich!"

Gelegentlich trafen neue Häftlinge im Lager ein. Wenn eine neue Gruppe nahte, brach eine Debatte zwischen den ungarischen und den polnischen Juden aus: Kommen Ungarn? Oder Polen? Große Spannung herrschte, wenn sie ins Lager einzogen. Obwohl sie von uns ferngehalten wurden, konnte man sie durch den Drahtzaun sehen. Wir versuchten mit Rufen herauszubekommen, aus welcher Gegend sie kamen. Einmal traf eine Gruppe jüdischer Frauen aus Polen ein. Darunter befand sich die Ehefrau eines Häftlings, der jahrelang nichts von ihrem Los gehört hatte. Diesem Paar gelang es, gemeinsam freizukommen.

Die Schuhe von zu Hause waren längst zerschlissen. An ihrer Stelle erhielten wir Holzschuhe, so ähnlich wie die in Holland. Eine Hammerzehe an meinem linken Fuß ist die Hinterlassenschaft eines zu kleinen derben Schuhs, den ich damals erhielt.

Mein Vater kam eines Tages ins Krankenrevier. Als ich das erfuhr, erschrak ich furchtbar, denn das Revier war eine Einbahnstraße. Wenige kehrten lebendig daraus zurück. Hysterisch rannte ich in die Krankenstube und fand dort einen sterbenden Rechtsanwalt aus Nyírbátor. Als ich seine Decke anhob, sah ich ein menschliches Skelett. Von den Füßen bis zur Lende stank er vor Fäulnis, und am nächsten Tag hauchte er seine Seele aus. Vater holte ich schnellstens dort ab.

Die Nazis täuschten uns auf allerlei Weise. So teilten sie uns zum Beispiel gelegentlich Postkarten aus, um ihre vermeintliche Gutmütigkeit zu beweisen. Wir durften an die Familie schreiben. In unserer Arglosigkeit glaubten wir, die Familie befände sich irgendwo in einem anderen Lager. Noch wußten wir nicht, was ihr wirklich zugestoßen war. Mein Vater fügte ein paar Zeilen auf meinen Postkarten hinzu und ich auf seinen.

### *Neid auf Schweine*

Im Lager hielt man Schweine für den Lagerkommandanten und seine Assistenten. Tonnenweise wurden Abfälle als Schweinefutter aus der Stadt geholt. Wir waren neidisch auf die Schweine, die bessere Nahrung als wir erhielten: "Schaut, die Schweine fressen, und ihr werdet Hungers sterben!" Ich dachte mir, es bleibt keine Wahl, ich muß den Schweinen Futter stehlen. Der Stall war mit Stacheldraht eingezäunt. Um an die begehrte Abfalltonne zu gelangen, kroch ich bäuchlings heran, den Blechteller vor mir ausgestreckt. Die Gefahr bestand darin, daß die Schweine aufwachen, zu grunzen anfangen und damit die Aufmerksamkeit der Soldaten auf den Wachtürmen erregen konnten. Ich dachte mir jedoch, die Soldaten würden es sich zweimal überlegen, ehe sie ihre Waffe gebrauchten, aus Angst, die Schweine zu treffen und sich Ärger mit ihren Vorgesetzten einzuhandeln.

Als ich mein Ziel erreicht hatte, tauchte ich meinen Teller in die Tonne, zog ihn wohlgefüllt heraus und verputzte alles im Liegen. Danach füllte ich den Teller erneut, um Vater eine Portion zu bringen. Vater holte ich dann jedes Mal aus dem Block an einen verborgenen Ort, an dem ich den Teller versteckt hatte, und bat ihn, alles an Ort und Stelle aufzuessen, denn ich wollte keine Spuren hinterlassen. Ich habe ihm nie erzählt, woher ich das Essen hatte.

Nicht wenige bezahlten mit dem Leben für ihren Futterdiebstahl bei den Schweinen, darunter einer namens Schwimmer, der auf frischer Tat ertappt und auf Befehl von Lagerleiter Sedlak hingerichtet wurde. Von Natur aus bin ich ein richtiger Angsthase, und wenn ich mir im Nachhinein diese Taten in Erinnerung rufe, kann ich selbst kaum glauben, wie ich die Kühnheit aufbrachte, mein Leben aufs Spiel zu setzen. Tatsächlich hatte ich wohl gedacht, es sei besser, von einer Kugel hingestreckt zu werden als Hungers zu sterben. "Man sollte den Dieb nicht verspotten, wenn er stiehlt, um seine Gier zu stillen, da ihn hungert." (Sprüche 6,30)

Ans Lagertor wurde manchmal ein Liegestuhl mit einem getöteten Häftling gestellt, dem man ein Schild auf die Brust gehängt hatte: "So geschieht einem Häftling, der zu fliehen versucht!"

## Waggon- und Maschinenbau AG Görlitz (WUMAG)

Die Görlitzer WUMAG-Werke[60] trugen viel zu Hitlers Kriegsmaschinerie bei. Hergestellt wurden unter anderem Flugzeugmotoren, Dieselmotoren für Lastwagen, Pumpen, optische Geräte, Granaten und Panzerwagen (S. 135/136).

Als Zwangsarbeiter dienten jüdische Häftlinge, für die man das Konzentrationslager Görlitz-Biesnitzer Grund erbaut hatte. Der Obermeister war für die Werkhalle verantwortlich, und für jede Abteilung gab es einen Meister als Vorarbeiter. Die Meister trugen eine Hakenkreuzbinde am Ärmel. In den Werkhallen wurden die Arbeiter von bewaffneten Soldaten bewacht, die keinen Moment den Blick von ihnen wandten.

---

[60] Vgl. Roland Otto, Die Verfolgung der Juden in Görlitz unter der faschistischen Diktatur 1933-1945. Görlitz 1990; Martin Weinmann, a.a.O., S. 644.

Mein Vater und ich wurden der Schweißabteilung des Waggonbaus zugeteilt. Wir verschweißten Eisenplatten und schnitten mit dem Schweißbrenner Blechteile zu. Zum Glück lernten wir das Handwerk schnell. So konnten wir lange an einem Ort bleiben.

In der Halle, in der wir arbeiteten, waren auch einige Frauen beschäftigt. Unter ihnen entdeckte ich Pessil-Leah, die Rabbinerstochter aus Nyírbátor, die noch in Majdan eine gute Freundin meiner Mutter gewesen war. Sie hatte auch ihre Cousine Fejge dabei. Ich konnte den beiden nicht nahe kommen. Wir verständigten uns nur mit Gesten.

Es gab auch französische und italienische Zwangsarbeiter, die unter anderen Bedingungen lebten. Sie wohnten in einem getrennten Lager und wurden besser verpflegt. Sie trugen blaue Overalls. Manchmal steckten sie uns belegte Brote zu, vor allem den Frauen, denen sie mehr Mitleid entgegenbrachten. Das "Zumogeln" von Broten geschah durch künstlich inszenierte Streitereien und Handgemenge, welche die Blicke der Bewacher auf sich lenkten, während andere unterdessen die Lebensmittel weitergaben. Wenn die Deutschen die Ursache des Streits aufklären wollten, erhielten sie die kurze Antwort: "Nix verstehn!", obwohl einige sehr wohl Deutsch konnten.

Das Ziel war es, die Produktion soweit wie möglich zu behindern. Wenn sie hörten, daß der Löt-Zinn zu Ende ging, bohrten sie ein Loch in die Wand, schütteten den letzten Rest hinein und sangen den Meistern im Chor: "Kein Zinn! Kein Zinn!" Eine andere Gruppe sorgte irgendwo für Kurzschluß. Einige dieser Arbeiter wurden erwischt und hingerichtet. Als wir einmal zur Arbeit kamen, sahen wir eine Gruppe tschechischer Zwangsarbeiter mit erhobenen Händen in der Eingangshalle vor dem Haupttor der Werkhalle auf dem Boden sitzen, umringt von Gestapo-Leuten. Ich erfuhr, daß sie der Spionage verdächtigt wurden. Die Deutschen hatten ein Funkgerät entdeckt, das die Anzahl der produzierten Fahrzeuge weitergegeben hatte. Die gesamte Gruppe wurde hingerichtet.

Der für mich zuständige Meister, dessen Name mir entfallen ist, tat etwas Außergewöhnliches. Er schimpfte und brüllte uns zwar an, so daß wir alle vor ihm zitterten. Aber dann forderte er mich einmal - natürlich wieder schreiend - auf, ihm eine bestimmte Schraube aus dem Lager zu holen und erklärte mir genau, in welcher Schublade ich sie finden würde. Als ich die betreffende Schublade aufzog, lag dort ein belegtes Brot in Packpapier zwischen den Schrauben. Ich aß es schnell und kehrte an den Arbeitstisch zurück. Diesmal konnte ich das Brot nicht mit meinem Vater teilen, denn ich wollte den Meister und mich nicht gefährden. Bei anderer Gelegenheit waren der Meister und ich allein im Lager. Er bat mich, ihm die Hände zu zeigen, zählte meine Finger und sagte: "Du hast doch genauso fünf Finger wie ich. Warum bist du dann hier?"[61] Das würde ich mich auch fragen, antwortete ich. Der Meister mahnte mich und auch die anderen Häftlinge zur Vorsicht. Sobald wir an unseren Arbeitsplatz zurückkehrten, setzte er sein gespieltes Schimpfen und Brüllen fort. Obwohl er sich der Gefährlichkeit seines Tuns bewußt war, brachte er uns ab und zu Essen. Uns war klar, daß es ihn das Leben kosten würde, wenn die Sache aufflog.

Nach der Befreiung durch die Rote Armee stellten wir die Anschrift des guten Meisters fest und erzählten den russischen Offizieren von ihm. Sie schickten Soldaten zu seinem Haus und hefteten einen russisch abgefaßten Befehl an seine Tür, der besagte, daß der Zutritt zu diesem Haus für alle Soldaten strikt verboten sei und man den Bewohner nicht belästigen dürfe. Wir wollten ihm Gutes mit Gutem vergelten und brachten ihm Radioapparate und weitere Geräte, die wir aus anderen Häusern geholt hatten. Der Meister flehte uns an, ihm keine weiteren Geschenke zu bringen. Leider weiß ich seinen Namen nicht mehr, und so können wir ihn leider nicht in Yad Vashem[62] unter die "Gerechten der Völker" einschreiben.

### *Die zweite Begegnung mit dem Todesengel*

Gelegentlich besuchte eine Gestapo-Kommission die Fabrik, um die Leistungsfähigkeit der Häftlinge zu überprüfen. Wer als "Muselmann"[63] eingestuft wurde, d.h. dem Tod durch Verhungern oder Entkräftung nahe war, wurde von der Werkbank weggeholt. Man stellte die Muselmänner auf die Waage, und wer weniger als 30 Kilo wog, wurde ins Krematorium geschickt.

Bei einer dieser Selektionen wurde ich zusammen mit 12 anderen Häftlingen ausgesondert. Wir alle brachten keine 30 Kilo auf die Waage. Ich hörte die Kommissionsmitglieder miteinander reden und sagen: Die können ohne Wachen ins Lager zurückgehen, und morgen werden sie nach Groß-Rosen ins Zentralkrematorium geschickt. Damit schien mein Schicksal ein zweites Mal besiegelt. Ich vermag meine Gedanken und Gefühle in jenem Augenblick nicht zu rekonstruieren. Auf dem ganzen Weg von der Fabrik zum Lager redeten

---

[61] Vgl. Jacques Stroumsa, Geiger in Auschwitz. Konstanz 1993, S. 53.

[62] Vgl. Mordecai Paldiel, Es gab auch Gerechte - Retter und Rettung jüdischen Lebens im deutschbesetzten Europa 1939-1945. Konstanz 1999.

[63] In Konzentrationslagern Bezeichnung für Menschen, die bis zum Skelett abgemagert waren.

wir kein einziges Wort. Jeder hing seinen Gedanken nach. Ich hatte Momente, in denen ich dachte: Besser so, wenigstens brauche ich nicht mehr zu leiden!

Mir fiel gar nicht ein, daß ich von Vater nicht Abschied genommen hatte. Das kam von der Gleichgültigkeit, die sich meiner bemächtigte. Irgendwie dachte ich nur an Mutter und sagte mir: Ich möchte Mutter vorher sehen! Als wir morgens zur Arbeit marschierten, war ich wie immer mühelos gelaufen. Jetzt auf dem Weg zum Lager mußte ich mich an den Häuserwänden abstützen. Ja, ich war derart apathisch, daß ich nicht einmal daran dachte, zu fliehen oder Unterschlupf in einem Haus zu erbitten. Ich taumelte wie betrunken.

Im Lager angelangt, setzte ich mich im Nu von der Gruppe ab, mit der ich zurückgekommen war. Woher ich die Kraft nahm, weiß ich selbst nicht mehr. Ich sah einen alten deutschen Oberfeldwebel einen Tisch auf den Schultern tragen und ergriff instinktiv ein Tischbein. Ich nehme an, das wirkte so natürlich, daß selbst die Wachen an der Sperre nichts fragten. So durchschritt ich mit ihm die Sperre zur Küche der Deutschen, die isoliert vom Lager stand. In der Küche löste ich mich von dem alten Soldaten. Ein jüdischer Koch namens Salzer aus der slowakischen Stadt Košice sprach mich auf Ungarisch an und gab mir einen Topf zu scheuern. Ich sollte mich auf den Boden setzen und langsam den Topf polieren, und falls der alte deutsche Soldat mir Fragen stellte, sollte ich antworten, ich sei Ungar und von Haus aus Koch. Als der Alte in die Küche zurückkam, fragte er mich tatsächlich, wer ich sei und was ich mache. Ich antwortete ihm, wie Salzer mir aufgetragen hatte.

Innerhalb kurzer Zeit gewann ich das Vertrauen des alten deutschen Soldaten, der für die Proviantversorgung der Küche zuständig war. Er nahm mich mit ins Proviantlager, um Lebensmittel zu holen. Salzer warnte mich, nicht sofort viel zu essen, sondern erst nach und nach, um mich nicht zu gefährden. Ich hielt mich an seinen Rat.

In der Küche versuchte ich mich möglichst unsichtbar zu machen, denn ich fürchtete, Jankel Tannenbaum könnte entdecken, wo ich abgeblieben war. Ich fand mich gut in die Küchenarbeit ein. Mit Salzers Hilfe wurde ich von dem alten Deutschen eingestellt, der fortan nicht mehr ohne mich ins Proviantlager ging. Ich begleitete ihn, eine weiße Schürze umgebunden. Während er auf die Leiter stieg, konnte ich mir ein paar Lebensmittel besorgen. Manchmal schenkte er mir auch einige Kleinigkeiten.

Nach einem Monat mußte ich zum Appell antreten. Ich erschien mit weißer Schürze und Mütze. Von weitem erkannte mich Vater und wäre vor Überraschung beinah in Ohnmacht gefallen. Er hatte nicht im Traum gedacht, mich wiederzusehen, war sicher gewesen, ich hätte das Schicksal der anderen Häftlinge geteilt, die einen Tag nach der Selektion ins Krematorium Groß-Rosen geschickt worden waren. Als es mir gelang, an Vater heranzukommen, sagte er: "Ich hatte schon Kaddisch[64] nach dir gesagt!"

Eines Tages entdeckte mich Jankel Tannenbaum und fragte, was ich machte. Ich war klug genug zu antworten, er solle den alten Deutschen fragen, der als Küchenchef fungierte, aber er wagte es nicht. Es war das einzige Mal, daß ich keine Angst vor ihm hatte. Jetzt schmeichelte er sich bei mir ein, um Lebensmittel von mir zu bekommen. Ich schloß ein Abkommen mit ihm: Er sollte Vater für einige Zeit aus der Fabrik holen und ihn auf dem Lagerhof beschäftigen, denn ich fürchtete, Vater könnte einer ähnlichen Selektion wie ich zum Opfer fallen. So konnte ich Vater mit Nahrung unterstützen. Er bekam die Aufgabe, den Hof in Küchennähe zu reinigen.

Einmal gelang es mir, für Vater ein Paar Lederschuhe zu ergattern, die ich ihm mit großer Freude überreichte. Als er sie anzog, sagte er, er hätte schon vergessen, wie es sich in normalen Schuhen ginge. Eines Tages kehrte Vater von Grabarbeiten zurück - wie ich sah, mit Holzschuhen an den Füßen. Ich fragte ihn, wo die Lederschuhe geblieben seien, die ich ihm besorgt hatte. Er antwortete, er habe sie für einen Dollar verkauft, den er jetzt in seiner Kleidung versteckt halte. Auf meine Frage, was er denn wohl für einen Dollar kaufen könnte, antwortete er natürlich nicht. Es war das erste Mal, daß ich ihm eine Ohrfeige versetzte. Ich kochte richtiggehend vor Wut. Geld hatte im Lager keinerlei Bedeutung.

Meine Aufgabe in der Küche bestand im Schrubben der großen Kessel, in denen für die deutschen Soldaten gekocht wurde. Die Töpfe standen in einer Reihe, waren 80 Zentimeter hoch und hatten alle einen Deckel mit mechanischem Hebewerk. Vor allem mußte ich die Außenwände aus Edelstahl auf Hochglanz bringen. Der alte Deutsche gab eigenhändig die Margarine ans Essen. Ich begleitete ihn mit dem Margarinetablett, bewahrte das Einwickelpapier auf, und während er zum nächsten Topf weiterging, fischte ich mit einem Löffel die halb geschmolzene Margarine wieder heraus, wickelte sie in Papier und warf sie unter den Kessel. Einmal konnte ich zwei Eier aus dem Hühnerstall des Oberkommandanten ergattern und briet mit der Margarine Rühreier. Mitten in der Nacht lud ich Vater an ein verstecktes Plätzchen ein und brachte ihm etwas davon. Ich weiß noch, daß Vater sagte: "Du kochst besser als deine Mutter!"

---

[64] Das jüdische Totengebet.

*Unterhaltung*

Die Leute der Lagerverwaltung beschlossen eines Tages, einen Unterhaltungsabend zu veranstalten. Sie wußten, daß unter den Juden begabte Menschen waren, darunter auch solche, denen die deutsche Kultur nicht fremd war. Bis heute begreife ich nicht, wieso sie einen gemischten Vergnügungsabend zuließen, das heißt, gemeinsam für "arische" Deutsche und jüdische Häftlinge. Viele unter uns hatten Angst mitzumachen, aus Furcht vor angetrunkenen Deutschen, die in diesem Zustand gefährlich aggressiv werden konnten. Als sie erstmal besoffen waren, sangen sie mit uns jiddische Lieder, die saftige Flüche gegen sie und ihr Regime enthielten. Aus Deutschland stammende Juden verfaßten ein Lied, das zur Lagerhymne avancierte. Seinen Text habe ich aus dem Gedächtnis zusammengesucht:

*Wenn der Tag erwacht,*
*Die Sonne lacht,*
*Die Kolonnen ziehen*
*In des Tages Mühen*
*Im Morgengrauen…*
*Oh Zwangsarbeit,*
*ich werde dich nie vergessen,*
*Weil du mein Schicksal bist.*

## Erwähnenswerte Personen aus dem Lager Görlitz

*Dr. Kinros*

Dr. Kinros war Arzt auf der Krankenstation. Der sympathische Jude aus Polen, eigentlich Zahnarzt von Beruf, behandelte die Häftlinge insgeheim wie ein praktischer Arzt. Als ein Häftling durch die Kugel eines deutschen Bewachers am rechten Arm getroffen worden war und Infektionsgefahr bestand, amputierte er ihm den Arm unter primitivsten Bedingungen und rettete ihm damit das Leben. Der Mann lebt heute in Israel. Dr. Kinros hat eine Zahnarztpraxis in Tel Aviv. Bei Treffen von Überlebenden des Lagers Görlitz ist er immer hoch angesehen.

*Gottlieb*

Gottlieb stammte aus Munkacs in Karpatorußland und kam mit seinen Söhnen ins Lager. Er war ein gelehrter, gesetzestreuer Jude mit großem Talmudwissen und wußte als einziger im Lager immer, wann die jüdischen Feiertage waren. Abends saß er mit seinen Söhnen vor dem Block und hielt ihnen mündlichen Talmudunterricht. Er war ein Mann, der stets Menschenantlitz bewahrte und auch im Konzentrationslager die ethischen Grundsätze einhielt. Gottlieb und seine Söhne kamen bei dem berüchtigten Todesmarsch ums Leben.

*Frau Izsák*

Frau Izsák war Blockälteste im Frauenlager, eigentlich Rechtsanwältin von Beruf und stammte aus der Stadt Kolozsvár. Sie war eine noble Frau, die ihren Weg ging, ohne jemandem zu schaden. Ihr Kopfhaar, das nach dem Abrasieren in Auschwitz nachwuchs, schimmerte silbergrau. Sie war mit ihren drei Töchtern im Lager, bevorzugte sie aber nicht vor den anderen weiblichen Häftlingen. Eine der Töchter arbeitete in der Küche. Der Hilfskoch, ein häßlicher Mann namens Itze, der keinen Hunger kannte, umwarb sie. Wir Häftlinge standen dieser Sache gleichgültig gegenüber. Die Tochter gab seinem Werben nicht nach. Auch nach der Befreiung gab er nicht auf, wurde aber von der Familie abgewiesen.

*Fetmann Bácsi*

Fetmann Bácsi, 1887 in Ungarn geboren, war Uhrmacher und Goldschmied in Nyírbátor. Wegen seiner Ehrlichkeit brachten die Nichtjuden am Ort ihre Uhren lieber zu ihm. Sein Bruder Mózes war Uhrmacher und für einige Zeit Partner meines Vaters.

Fetmann wahrte die Tradition, gehörte aber nicht den ultraorthodoxen Kreisen an. Er sorgte dafür, daß seine Söhne allgemeine Bildung erwarben, schickte sie dazu nach Budapest und rettete ihnen dadurch das Leben. Alle drei Söhne wanderten nach Israel aus. Fetmann teilte im Lager Görlitz das Bett mit meinem Vater. Ich wohnte in einem anderen Block, besuchte die beiden aber bei jeder Gelegenheit.

Fetmann hatte neben seinem Thorawissen auch eine breite Allgemeinbildung. Ich habe viel von ihm gelernt. Er vermochte sich seine Sitte und Menschlichkeit auch unter schwersten Bedingungen zu bewahren, als viele andere ihr Menschenantlitz verloren. Wenn ich Nahrung besorgen oder während meiner Arbeit in der Küche von dort etwas Eßbares für meinen Vater mitbringen konnte, gab ich auch Fetmann etwas ab, der selbst bei schlimmstem Hunger bescheiden blieb und kaum etwas annehmen mochte, und zwar mit der Begründung, es sei doch für meinen Vater bestimmt. Eines Nachts brachte ich zwei Portionen Pferdefleisch für meinen Vater und Fetmann. Ein Weilchen später kam Vater weinend zu mir, weil man ihm das Fleisch gestohlen hatte. Fetmann war bereit, zu seinen Gunsten zu verzichten. Da ich dem nicht zustimmte, teilten wir Fetmanns Portion in zwei. Als ich ihm bei anderer Gelegenheit Essen brachte, sagte er lächelnd: "Schlajme, du bist wirklich ein Engel! Ich habe daheim viel Gold vergraben und verspreche dir, daß du alles bekommst, wenn wir wieder zu Hause sind!" Fetmann Bácsi starb kurz vor der Befreiung.

## Der Lagerälteste Hermann Tschech

"Wenn man den Dieb braucht, knüpft man ihn vom Galgen ab." Tschech war wegen Mordes zum Tode verurteilt worden. Das Gerücht besagte, er habe einige Familienangehörige umgebracht. Aber die Nazis bewahrten ihn vor dem Galgen, weil sie meinten, er wäre der passende Mann als Lagerältester für jüdische Häftlinge. Allerdings blieb er Häftling und trug an seiner Kleidung eine Häftlingsnummer mit grünem Dreieck, der Farbe der Deutschen - im Unterschied zum gelben Dreieck der jüdischen Häftlinge.

Hermann Tschech war klein, schielte und trug eine starke Brille mit dickem schwarzem Gestell. Wegen seines schlechten Sehvermögens lief er nachts nicht im Freien herum. Sein Kopf saß praktisch ohne Hals auf den Schultern und er trug immer eine schief sitzende schwarze Schirmmütze. Er sah wirklich scheußlich aus. Es fehlte nur noch der Buckel zu Victor Hugos "Glöckner von Notre Dame". Er hatte eine heisere Stimme, mit der er meist nicht redete, sondern hysterisch brüllte. Am Gürtel trug er eine Pistole mit langem Lauf, der ihm bis an die Knie reichte, und er zögerte nicht, sie oft zu gebrauchen. Gelegentlich veranstaltete er Fahndungsaktionen nach versteckten Nahrungsmittel in den Stuben und Betten der Häftlinge. Dabei begleitete ihn sein treuer Kamerad Jakob Tannenbaum, der seine Worte ins Jiddische übersetzte.

Etwa eineinhalb Monate vor der Befreiung wurde er des Lebensmitteldiebstahls bei den Soldaten überführt und seines Amtes enthoben. Wie sich herausstellte, hatte Tschech Vorbereitungen getroffen, aus der Gegend zu verschwinden und sich in die amerikanische Besatzungszone abzusetzen, da er fürchtete, nach Kriegsende könnten die Justizbehörden doch noch ein Todesurteil über ihn verhängen. Bei der Befreiung des Lagers durch die Rote Armee wurde er geschnappt und vor Gericht gestellt. Mein Freund Israel Grünwald, ein ehemaliger Häftling des Lagers Görlitz, sagte gegen ihn aus, und nach kurzem Prozeß wurde er gehenkt.

## Lager-Kapo Jakob Tannenbaum

Über seine Vergangenheit wußte man nur, daß er 1913 in der polnischen Kleinstadt Seiniawe geboren war. Ich habe ihn erst an dem Tag kennen gelernt, an dem ich im Lager Görlitz eintraf. Als er auf dem Appellplatz vor uns trat, stellte er sich auf Jiddisch vor: "Ich bin der Lager-Kapo, und ich heiß Jankel Tannenbaum!" Ich betrachtete es als gutes Zeichen, daß er Jiddisch sprach, denn von zu Hause kannte ich es so, daß Juden einander helfen, und wenn sie Jiddisch sprachen, fielen erst recht alle Schranken. Dies sollte sich als Illusion und bittere Fehleinschätzung erweisen. Mit seinen Untaten war er ein Wolf im Schafspelz. Der Umstand, daß er Jiddisch sprach, war eher ein Nachteil, denn so konnten wir auch in dieser Sprache nichts sagen, was den Deutschen verborgen bleiben sollte.

Offenbar stimmte Jankel Tannenbaum der nationalsozialistischen Weltanschauung zu. Seine Grausamkeit kannte keine Grenzen. Als wir an einem kalten Februartag vor der Arbeit auf dem Appellplatz angetreten waren, fragte er: "Wer ist krank? Wer möchte aufs Revier?" Einige Häftlinge klagten über wehe Füße. Ihnen befahl er, die Schuhe auszuziehen und barfuß zur Fabrik zu marschieren. Er mißhandelte jüdische Häftlinge, warf sie zu Boden und trat sie mit Stiefeln.

Eines Tages entdeckte er, daß Vater, der sehr unter der furchtbaren Kälte litt, sich unter der Kleidung eine Wolldecke um den Leib gewickelt hatte. Tannenbaum führte ihn daraufhin an einen Block, befahl ihm, die Hose herunterzulassen und sich zu bücken, und schlug ihn mit 25 Peitschenhieben blutig. Als mein Vater an die 90 war, hatte er bereits viele Einzelheiten aus dem Lagerleben vergessen, aber Tannenbaums Schläge vergaß er nie.

Einmal wurde ein Häftling wegen Diebstahls aufgehängt. Tannenbaum leitete die Hinrichtung und sorgte dafür, daß alle dabei waren, um ein Exempel zu statuieren.

In den siebziger Jahren erhielt ich eine Vorladung der Abteilung für Nazi-Verbrechen in der Polizeiwache von Jaffa. Ich wußte nicht, in welcher Sache man mich einberufen hatte. Die zuständige Beamtin legte mir ein Fotoalbum vor. Beim Blättern entdeckte ich Jankel Tannenbaums Foto und rief: "Das ist Jankel Tannenbaum, ausgelöscht sei sein Name!" Er sah auf dem Bild genauso aus, wie ich ihn zum letzten Mal im Lager gesehen hatte. Sie vernahm mich eingehend über seine Taten und fragte, ob ich bereit wäre, in den USA vor Gericht gegen ihn auszusagen. Natürlich willigte ich ein. Ein paar Tage später wurden auch Vater, der ihn ebenfalls identifizierte, und einige andere ehemalige Häftlinge des Lagers Görlitz vernommen. Bei dieser Gelegenheit erfuhr ich, daß Tannenbaum ultraorthodox geworden war, sich mit seiner Familie im Chassidenviertel der Bronx versteckt hielt und Angst hatte, nach Israel zu fahren. Auf der Polizei verriet man mir, daß Tannenbaum nichts von den laufenden Ermittlungen gegen ihn wisse. Die Sache wurde der amerikanischen Presse zugetragen. Ein Journalist der "Washington Post" interviewte mich telefonisch, wobei er mir mitteilte, er recherchiere im Fall Tannenbaum und habe schon einige ehemalige Häftlinge aus Görlitz in den Vereinigten Staaten interviewt. Später berichtete auch die israelische Presse über Tannenbaums Untaten.

Damit wurde zum erstenmal ein Jude nach dem Gesetz gegen die Nazis und ihre Helfer angeklagt. Die New Yorker Juden fürchteten, es könnte zu einem Ausbruch von Antisemitismus kommen, wenn der Prozeß in den USA stattfände, und versuchten, ihn zu vermeiden. Zum Schluß wurde der Fall mit einem Abkommen beigelegt: Tannenbaum war bereit, einzugestehen, daß er manchmal sehr hart mit den Häftlingen umgegangen war. Dafür wurde er mit Rücksicht auf seinen Gesundheitszustand und sein hohes Alter nur zur Aberkennung seiner amerikanischen Staatsbürgerschaft verurteilt.

## Gustav, der Hauptkoch des Lagers

Außer seinem Vornamen und der Tatsache, daß er aus Polen stammte, weiß ich nichts über seine Vorgeschichte. Gustav sprach Jiddisch und Polnisch und sah nicht jüdisch aus. Mit seiner glänzenden Glatze und der gefurchten Stirn hatte er eher mongolische Züge. Sein Auftreten war derb und vulgär. Jeder Satz war mit einem saftigen Fluch gewürzt. Auch wenn er nicht in der Küche arbeitete, lief er mit seiner weißen Schürze herum, um seinen Stand herauszukehren. Beim Essenausteilen stand er mit seiner Kelle vorn und teilte jedem seinen Schlag trübe Brühe aus, ein Gebräu aus Unkräutern, Steinchen und Sand, das als Suppe bezeichnet wurde. Wehe dem, der es wagte, um einen

Zuschlag zu bitten oder sich vorzudrängeln. Sofort bekam er eins mit der Kelle auf den Kopf und wurde als *"Chajess"* ("Biest") beschimpft.

Als ich eines Abends meine Schicht in der Küche der Deutschen beendet hatte, gelang es mir, ein Stück Pferdefleisch hinauszuschmuggeln, das ich Vater mitbringen wollte. Unterwegs stieß ich auf Schlachter Gustav (so nannten wir ihn im Lager). Er entdeckte das Fleisch und begann fluchend auf mich einzudreschen. Natürlich konfiszierte er den Brocken, aber ansonsten kam ich noch einmal gnädig davon.

Ende der fünfziger Jahre suchte mich ein Freund namens David Nechuschtan (vormals Guschinski) auf, der mit seinem Vater im Lager Görlitz war, und erzählte mir aufgeregt, er habe gehört, daß Gustav in Ramat Hascharon (bei Tel Aviv) lebe. Ehe wir zur Polizei gingen, fuhren wir nach Ramat Hascharon und fanden tatsächlich heraus, daß Gustav sich sein Brot mit einem Pferdewagen verdiente. Sofort gingen wir zur Polizeiwache Herzlia und erhoben Anzeige gegen ihn. Zu unserem Leidwesen nahm der Polizist die Anzeige ziemlich gleichgültig auf. Es hatte sich damals noch kein richtiges Bewußtsein für den Holocaust entwickelt. Zwei Wochen später erhielt ich eine kurze Mitteilung von der Polizei Herzlia, daß man kein Verfahren gegen Gustav einleiten werde, da jemand anders zu seinen Gunsten ausgesagt habe. Wir beschlossen, die Sache selbst in die Hand zu nehmen.

Eines Tages paßten wir ihn an der Hauptstraßenkreuzung von Ramat Hascharon ab, das damals noch ein kleines Dorf war. Wir wußten, daß seine Frau im Konsum an der Kreuzung arbeitete und er gegen Abend dort mit Pferd und Wagen vorfuhr. Als Gustav ankam, standen wir beide in Militäruniform da, hielten seinen Wagen an, stiegen auf und manövrierten das Gespann so, daß es die Kreuzung versperrte. Als sich ein großer Menschenauflauf gesammelt hatte, erzählten wir den Anwesenden, wer der Unmensch dort auf dem Wagen sei. Wir schilderten seine Untaten im Lager, und interessanterweise machte Gustav den Mund gar nicht auf. Seine Frau, die nichts von seiner Vergangenheit geahnt hatte, verließ ihn bald darauf. Wir sagten zu ihm: "Gustav! Verreck wie ein Hund, wir werden dich bis ans Grab verfolgen." Von jenem Tag an wurde er von den Einheimischen boykottiert. Ein paar Monate später erlitt er einen Herzinfarkt und starb. Kein Mensch gab ihm das Grabgeleit.

## Der Todesmarsch

Der Ausdruck „Todesmarsch“ bürgerte sich bei den Lagerhäftlingen ein. Todesmärsche gab es vor allem bei der Räumung von Konzentrationslagern im Endstadium des Krieges. Abertausende mußten wochenlang marschieren, wobei die Nazis die jüdischen Häftlinge nicht nur vernichten, sondern auch quälen wollten, Für mich war es die schwerste Zeit meines gesamten Lageraufenthalts.

In Reaktion auf den erneuten Vorstoß der Roten Armee Mitte Januar 1945 begann man die Konzentrationslager zu räumen. Als die Rote Armee am 18. Februar 1945 die Stadt Görlitz belagerte, erteilte Kreisleiter Malitz (S.138) den Befehl zur Zwangsevakuierung des Lagers Görlitz mit den Worten: "Wenn die Stadt unter der Belagerung leidet, werde ich die Anwesenheit von Juden hier nicht dulden!" Die Evakuierung betraf mehrere Lager. Zu uns kamen Häftlinge aus dem Lager Bunzlau, [65] die besser aussahen als wir. Unglücklicherweise wurde ihr Lager erst einige Stunden nach ihrem Abmarsch erobert.

Es ging das Gerücht, unser Ziel sei Tirol. Ähnliches erzählten die Häftlinge aus Bunzlau. Die Deutschen holten Karren aus der Stadt, auf die sie ihren Proviant und ihr Gepäck luden. Die Häftlinge erhielten Befehl, auf dem Appellplatz anzutreten, ausgerüstet mit einer Wolldecke, einem dünnen, kleinen-Brotbeutel, der auf Jiddisch "Broittarbele" hieß, und einem Blechteller.

Der Lagerälteste Tschech erklärte, wer nicht marschtauglich sei, solle seitlich heraustreten. 300 traten heraus. Tschech fragte sie, ob sie marschbereit wären, wenn er ihnen bessere Holzschuhe verschaffe. 100 bejahten. Tschech beorderte sie in Block 2. Als alles zum Abmarsch bereit war, betrat Tschech diesen Block, nahm den Leuten Schuhe, Wolldecke und Jacke ab, schickte sie in die Februarkälte hinaus und ließ sie an Stelle von Pferden die beladenen Karren ziehen.

Alle Lagerhäftlinge, Männer und Frauen (außer den 200 Kranken), warteten auf den Abmarschbefehl. Eine SS-Einheit, darunter auch Ukrainer, die für ihre Grausamkeit und ihren Judenhaß berüchtigt waren, marschierten als Begleitwachen ins Lager ein.

---

[65] Vgl. Martin Weinmann (Hg.), Das nationalsozialistische Lagersystem. Frankfurt 1990, S. 276f., 579f., 644f.

*Die dritte Begegnung mit dem Todesengel*

An jenem Tag hatte ich die ganze Nacht gearbeitet und war voll angezogen auf dem Bett eingeschlafen. Ich schlief so fest, daß ich nichts von dem hörte, was um mich her vorging. Plötzlich bekam ich einen Schlag mit dem Gewehrkolben auf den Kopf. Vor mir standen drei SS-Männer, die Seitengewehre auf mich gerichtet, und ich hörte sie "Hände hoch!", brüllen.

Der Kolbenschlag hatte mich verwundet, das Blut lief mir übers Gesicht. Ich mußte mit erhobenen Händen hinausmarschieren, begleitet von den SS-Leuten. Diesmal glaubte ich wirklich, dies sei meine Ende, besonders, als ich die vielen Schüsse ringsum hörte, genau wie auf einem Schlachtfeld. Ich dachte, gleich käme auch ich an die Reihe. Als die Evakuierung angekündigt wurde, hatten sich ca. 80 Häftlinge unter den Baracken versteckt, in der Hoffnung, bald kämen die Russen und würden sie befreien. Ich hörte Jankel Tannenbaum die Verborgenen auf Jiddisch herausrufen, dann wurden sie kaltblütig erschossen. Mit jedem Schritt vorwärts, in Begleitung der SS-Wache, sah ich mich dem Grab näherkommen. Ich wußte nicht, was man in einer solchen Lage sagt. Vater war draußen, und ich bedauerte, nicht von ihm Abschied nehmen zu können. Sie führten mich aus dem Lager hinaus zu den Abmarschbereiten. So wurde ich von der dritten Begegnung mit dem Todesengel gerettet. Ich werde nie begreifen, aus welchem Grund sie mein Leben schonten.

Als ich zu Vater trat, war er völlig verblüfft, denn er hatte sicher geglaubt, ich sei unter den 80 Häftlingen gewesen, die im Lager erschossen worden waren. "Unglaublich", sagte er, "wieder bist du aus dem Jenseits zurück gekehrt?!" Verbandszeug hatten wir nicht, aber mit Hilfe einiger Lappen gelang es den anderen, die Blutung an meinem Kopf zu stillen.

Der Marsch begann (S. 151), die Wächter zeigten ungewöhnliche Nervosität. Sie fürchteten, unterwegs auf die Russen zu treffen und selbst in Gefangenschaft zu geraten. Unter den SS-Leuten, die uns bewachten, waren, wie gesagt, viele Ukrainer, die nun gewiß etwas zu befürchten hatten. Wenn sie den Russen in die Hände fielen, machten diese kurzen Prozeß mit ihnen, aber trotzdem hatten sie kein Erbarmen mit uns, sondern fuhren fort mit Quälen und Morden.

Nach einem Marsch von sechs Kilometern - für uns eine schier endlose Entfernung - gelangten wir zu einem Bauernhof in Kunnerwitz. Wir wurden im Pferdestall untergebracht. Auf dem Gelände fanden wir Zuckerrüben in der gefrorenen Erde. Wir fertigten provisorische Grabstöcke, mit deren Hilfe wir die Rüben ausgruben. Das war die einzige Nahrung, die uns nach zwei Tagen über die Lippen kam. Die Rüben verursachten Sodbrennen im Hals. Das aus dem Lager mitgebrachte Brot hatten sich die Blockältesten und die Kapos genehmigt.

Dem Lagerältesten Tschech fiel ein, daß er rund 200 Kranke im Lager Görlitz zurückgelassen hatte. Er ging zurück, holte 100 von ihnen heraus, ließ sie unter großen Qualen marschieren und brachte sie zu uns. In Kunnerwitz ließen wir zahlreiche Tote zurück. Einen Teil von ihnen hatte man umgebracht, andere waren an Ruhr gestorben.

Wir marschierten weiter über die Ortschaft Friedensdorf nach Sohland. Auch in diesem Dorf wurden wir im Pferdestall eines Bauernhofs untergebracht. Der Ort bot ein wenig Schutz vor der schlimmen Kälte. Wir lagen auf dem Stroh, auf dem Heuboden über uns lagerten die Frauen. Auch hier ernährten wir uns von Zuckerrüben, die wir mit Glasscherben aus der Erde gruben, und von Suppe, die wir aus Wildkräutern kochten. In Sohland starben weitere Häftlinge an Ruhr. Nach ein paar Tagen erklärte der Lagerälteste Tschech, wir würden den Marsch fortsetzen, und am Zielort bekämen wir etwas zu essen. Etwa 15 Häftlinge blieben zurück, um auf dem Hof zu säubern. Sie stießen ein paar Stunden später wieder zu uns. Wir mußten zum Appell antreten. Der Befehlshaber fragte: "Wer kann nicht mehr weitergehen?" Neun Häftlinge meldeten sich. Man ließ sie einen Karren besteigen, auf dem auch ein paar Leichen lagen. Dann warf man noch ein paar Hacken und Schaufeln mit auf.

Anfangs freuten sich die neun Häftlinge, daß sie fahren durften, aber unterwegs wurde der Wagen vom Weg auf ein Feld am Waldrand umgelenkt. Die neun mußten absteigen. Die Ukrainer gaben ihnen die Schaufeln in die Hand und befahlen ihnen, eine Grube auszuheben. Die Häftlinge begriffen, daß das ihr Ende war. Unter ihnen befand sich ein junger Jude von etwa 17 Jahren aus Ungarn. Er rannte von einem Ukrainer zum andern, fiel einem zu Füßen, umschlang seine Knöchel, flehte weinend um sein Leben und rief: „Ich kann gehen, ich mach alles, was ihr sagt, laßt mich am Leben!“ Aber ehe er noch sein Flehen beendet hatte, streckte ihn eine Kugel nieder.

*"Als er uns um Erbarmen anflehte, haben wir nicht auf ihn gehört." (1 Mose 42,21).*

Beim Weitermarsch waren die Häftlinge so geschwächt, daß einer nach dem anderen unterwegs tot umkippte. Es marschierten auch ein paar Schwestern mit uns. Eine brach zusammen und wurde erschossen. Die anderen sanken eine nach der andern auf ihren Leichnam und wurden ebenfalls umgebracht. Ich weiß nicht mehr, wie viele Schwestern es waren, aber diese Metzelei hat sich meinem Gedächtnis tief eingeprägt. Ich erinnere mich noch, daß der ältliche Scharführer an die sterbenden Mädchen herantrat und ihnen den Gnadenschuß gab. An jenem Tag blieben 170 Opfer am Wegrand liegen.

Plötzlich bemerkte ich bei Vater eine gewisse Gleichgültigkeit. Er wäre beinahe hingefallen, was den Tod bedeutet hätte. Ich hielt ihn mit Gewalt aufrecht und schrie ihn an: "Jetzt marschieren wir den ersten Kilometer!" Offenbar half das, er marschierte weiter.

Wir kamen in die Ortschaft Rennersdorf, wurden wieder im Pferdestall eines Bauernhofs untergebracht. Der Ort wirkte wie eine Geisterstadt, die ganze Gegend war menschenleer. Alle waren aus Angst vor den Russen geflohen, die bereits sehr nahe standen. Hier mußte man länger als geplant bleiben, weil die deutsche Wehrmacht um ihr Leben flüchtete und die Straßen daher für uns verstopft waren.

Die Eigentümer des Bauernhofs, die bereits vorher geflohen waren, hatten die Pferde mitgenommen, die Schafe aber zurückgelassen. Die Deutschen schlachteten sich Schafe, warnten uns jedoch, wer sich an den Schafen vergreife, sei des Todes. Hier teilte man uns auch je eine Scheibe Brot zu, die jeder wie einen Schatz in seinem Brotbeutel hütete, um sie krümelweise zu essen. Als ich eines Morgens aufwachte - ich lag zwischen Vater und einem anderen Juden -, spürte ich, daß dieser sich nicht mehr regte, und suchte als erstes sein Brot. Als ich es gefunden hatte, freute ich mich an dem Fund.

An jenem Morgen erschien der ältere Soldat, der die Küche der Deutschen unter sich hatte, und rief mich: "Farzer, komm schnell." Er forderte mich auf, den geschlachteten Schafen das Fell abzuziehen. Von ihm erfuhr ich, daß kranke Schafe für die Häftlinge gekocht werden sollten. Ich fand eine Methode, die Schafe krank zu machen. Ich ging in den Pferch, trat einem Schaf in den Bauch, daß es umkippte, und erklärte: "Dies ist krank." Auf diese Weise bekamen wir nach langem Hungern etwas in den Magen.

Nach drei Wochen Aufenthalt in Rennersdorf erging am 23. März 1945 Rückmarschbefehl nach Görlitz. Die Deutschen gaben zu, daß keinerlei Möglichkeit bestand, nach Tirol durchzukommen. Später erfuhr ich, daß Malitz, der Kreisleiter von Görlitz, uns sofort nach Görlitz zurückbeordert hatte, damit wir Schützengräben für die deutsche Wehrmacht ausheben sollten, um die Stadt gegen die Rote Armee zu verteidigen.

Vor dem Abmarsch gab es einen Appell. Solche Appelle waren etwas Alltägliches. Die Deutschen wollten wissen, wie viele Häftlinge noch übrig waren. Wir standen rund 30 Kilometer von Görlitz entfernt. Sie fragten, wer marschunfähig sei. Es meldeten sich rund 100 Leute, die per Laster ins Lager

Görlitz gefahren wurden. Als wir dort eintrafen, fanden wir sie lebend vor. Auch die Kranken, die im Lager verblieben waren, lebten noch.

Wir waren einen ganzen Tag bis zum Lager marschiert. Das gute Wetter hatte uns das Gehen erleichtert. Zum Glück wurde der Lagerälteste Tschech beim Stehlen ertappt, seines Amtes enthoben und durch einen humaneren Mann ersetzt. Bei diesem Marsch verloren wir etwa 1000 der ursprünglich 1500 Personen.

## Die Befreiung

Am 2. Mai 1945 brachte ich, wie gewohnt, dem Oberleutnant sein Frühstückstablett. Plötzlich erschien ein Kurier, ein deutscher Soldat mit Stahlhelm, und legte dem Oberleutnant ein Zeitungsblatt auf den Tisch, das Hitlers Bild schwarz umrahmt zeigte, mit der Unterschrift: "Der Führer ist tot!" Außerdem überbrachte er Weisung, die Häftlinge zu befreien.

Vor Aufregung ließ ich das Kaffeetablett fallen, rannte in Richtung des Frauenlagers, dessen Eingang der Schreibstube gegenüber lag, und rief den ganzen Weg: "Wir sind frei!" Die Frauen dachten, ich hätte den Verstand verloren. Ich wechselte die Richtung zum Männerlager, rannte zu Vater und rief die ganze Zeit weiter: „Wir sind frei!“ Auch dort empfing man die Botschaft mit Skepsis.

Eine Stunde später erschien der Oberleutnant im Lager, redete die Häftlinge, denen er begegnete, mit "Herr" an, was bedeutete, daß wir wieder Menschen waren, und sagte: "Sie können die Nummer abmachen, Sie sind frei!" Der Oberleutnant ließ Männer und Frauen zum Appell rufen, um unsere Befreiung offiziell zu verkünden. Bei dem Appell erklärte der Offizier, daß die Lagerbesatzung auf die amerikanische Seite überlaufen werde, und bat die ehemaligen Häftlinge, sich ihnen anzuschließen. Zu seinem Leidwesen kam außer den Kapos und den Stubenältesten keiner mit.

Der Wind der Freiheit wehte den Häftlingen um die Nase. Einige drangen in die Offiziersunterkünfte ein und stahlen den Männern die Schuhe. Die Offiziere liefen ihnen in Unterwäsche nach und flehten sie an, ihnen die Schuhe wiederzugeben. Der ältliche Oberscharführer von der Küche der Deutschen bat mich, ihm zu helfen, die Wagen mit Proviant zu beladen. Ich rief sofort Vater, der weitere Leute mitbrachte. Der Alte stand im Vorratsraum und übergab mir Kartons mit allen möglichen Konserven, die ich auf den Wagen laden sollte.

Draußen hatte sich eine Menschenkette gebildet. Ich übergab die Kartons an Vater, der sie wiederum weiterreichte. Auf den Wagen gelangte nichts. Die Nahrungsmittel verschwanden unter der Hand. Der Mann kam heraus und erkannte die Lage, sagte aber kein Wort.

Alle Deutschen gingen. Wir blieben allein zurück, trauten uns wegen der Kämpfe, die noch in der Stadt tobten, jedoch nicht aus dem Lager. Sonderbarerweise schloß Jankel Tannenbaum sich anfangs den Feiernden an, tanzte "Hora", den israelischen Tanz, und erzählte, er habe früher dem zionistischen Jugendbund "Haschomér Hazaír" angehört. Aber sehr schnell nahm er doch die Beine in die Hand und floh aus Angst vor Rache.

Es waren warme Tage. Wir holten die Öfen aus den Baracken und kochten darauf Mahlzeiten aus den Lebensmitteln, die wir den Deutschen weggenommen hatten. Als wir draußen waren, tauchte ein russisches Flugzeug auf und warf Bomben auf uns ab. Ich stand neben Vater und sagte naiv: *"Schau, s'fallen Fischelech!"* ("Guck mal, es fallen kleine Fische!") Doch dann folgte ein ungeheurer Luftstoß. Ich flog durch die Luft und fand mich weit von meinem vorigen Standort entfernt wieder. Zum Glück wurden nur zwei Personen leicht verletzt.

Im Nachhinein erfuhr ich, daß die Deutschen, die den Russen in die Hände gefallen waren, ihnen "aufgebunden" hatten, unser Lager sei ein wichtiger Militärstützpunkt, in der Hoffnung, durch die Bombardierung würden Beweismittel gegen sie ausgelöscht.

Am nächsten Tag verließ ich mit Vater das Lager. Wir hörten Schüsse und suchten Deckung. Plötzlich befanden wir uns zwischen Wehrmachtssoldaten, die Geschütze abfeuerten. Die Deutschen kümmerten sich nicht um uns. Wir setzten uns in einen Unterstand hinter sie und beobachteten ihr Tun. Dann kehrten wir ins Lager zurück. Die Bombenangriffe dauerten an. Wir suchten Unterschlupf und fanden Schutz in der Ziegelfabrik.

Am 8. Mai 1945 saßen wir immer noch in dem Gebäude, ohne zu wissen, was draußen vor sich ging. Einer von uns erklärte sich bereit, im Schornstein hochzuklettern, um die Lage zu peilen. Als er oben angelangt war, schrie er: "Die Russen sind da!" Wir liefen hinaus und sahen, daß die Russen die Stacheldrahtzäune durchschnitten. Wir überhäuften sie mit Küssen. Es war das erste Mal seit langer Zeit, daß mir Tränen aus den Augen rannen.

Die Russen rieten uns, in die Stadt zu gehen und die Häuser von geflohenen Deutschen zu besetzen, um dort zu wohnen. Aber erst mal sollten wir die Kleidung wechseln. Die Häftlingskleidung wurde im Lager verbrannt. Wir nahmen Pessil-Leah, die Tochter des Rabbis von Nyírbátor, und deren Cousine Fejge mit und bezeichneten uns als Familie. Pessil-Leah war angeblich Vaters Ehefrau und Fejge meine Schwester. Diesmal nahmen wir uns vor den russischen Soldaten in Acht, vor allem, wenn sie betrunken waren.

Wir bezogen ein prächtiges Wohnhaus, hatten mehrere Stockwerke zur Verfügung. Ein paar Freunde aus dem Lager schlossen sich uns an, und wir führten das Leben einer Kommune. Wir sammelten aus den Häusern der Deutschen Lebensmittel zusammen und speisten mit den Freunden. Hatten wir ein Stockwerk schmutzig gemacht, zogen wir ins nächste um. Eines Tages erschien ein Deutscher, der zaghaft behauptete, er sei der Hauseigentümer. Wir empfingen ihn mit Freuden, denn nun konnte er uns bedienen. Im Keller fanden wir Weckgläser mit eingemachten Früchten und hausgemachten Marmeladen, fein säuberlich auf Regalen aufgereiht und mit Inhalt und Zubereitungsdatum beschriftet. Für uns war das ein wahrer Schatz. Aber wir achteten sehr darauf, nicht zu viel auf einmal zu essen, sondern dem Körper Zeit zu lassen, sich langsam wieder an üppigere Nahrung zu gewöhnen. Die Russen wußten nicht, wie man solche Weckgläser öffnet, und wandten Gewalt an. Eines Tages fanden wir eine Ziege im Keller. Wir schlachteten sie in der Wohnung auf den teuren Teppichen, und als wir mit dem Festessen fertig waren, zu dem wir alle ehemaligen Häftlinge eingeladen hatten, denen wir auf der Straße begegnet waren, übersiedelten wir in ein anderes Stockwerk und überließen das Saubermachen unserem Diener.

Die Straße sah aus wie am Purimfest. Die Leute trugen erbeutete Kleidungsstücke, die ihnen überhaupt nicht paßten, denn die meisten befreiten Häftlinge waren ja völlig abgemagert. Sie hatten komische Hüte auf dem Kopf und Sonnenbrillen auf der Nase. Man kannte einander kaum wieder. Ich betrat ein Fotostudio und nahm mir zwei Profikameras. Da ich nicht die Kraft besaß, sie auf der Schulter zu tragen, schleifte ich sie über die Straße, ohne zu wissen, wozu ich sie eigentlich hatte mitgehen lassen. Freunde, die mir unterwegs begegneten, warnten mich, lieber nicht mit Fotoapparaten herumzulaufen. Die Russen könnten mich für einen Spion halten. Sofort warf ich die Kameras weg.

Der erste Jude aus der Roten Armee, den ich kennen lernte, hieß Gerschon. Vom Judentum hatte er keine Ahnung, aber er sprach gut Jiddisch. Er diente in der Kommandantur, dem Hauptquartier. Gerschon sagte mir, wir sollten uns an ihn wenden, wenn wir Probleme hätten. Die russischen Soldaten besuchten uns oft zu Hause. Einer forderte mich auf mitzukommen, um in den Häusern der Deutschen nach Wertsachen zu suchen. Vor allem hatte er es auf Uhren und Schmuck abgesehen. Bevor wir loszogen, vereinbarten wir: Das

Gold für dich, die Uhren für mich. Als wir die erste Wohnung betraten, sah er eine Türklinke aus Messing, rief mir zu: "Da ist Gold!" und dachte, damit hätte ich meinen Teil bekommen. Zu meinem Glück fand er Uhren im Haus. Ich weiß nicht, wie die Sache sonst ausgegangen wäre. Im Salon stand ein Büffet aus Kirschbaumholz voll Kristall und feinem Porzellan. Der Soldat nahm seine automatische Waffe und schoß einmal quer darüber.

Vater entwickelte sich zum Materialisten und begann Wertgegenstände zu horten. In einer Wohnung entdeckte er in einem Versteck unter dem Fußboden einen wohlgefüllten Schmuckkasten, den er heimbrachte. Danach durchkämmte er weitere Häuser und ließ von Bettzeug bis Fahrrädern alles mitgehen. Er scheute nicht einmal Gewalt, um sich Dinge anzueignen. Einmal sah er eine Frau einen kleinen Handwagen mit Wassereimern ziehen, denn die Wohnungen hatten noch kein fließendes Wasser. Vater lief zu ihr hin, warf die Eimer heraus, verschüttete das Wasser und konfiszierte den Wagen, der ihm von nun an zum Abtransport von Beute diente.

Die ersten Nachrichten über das Schicksal unserer Familie erhielten wir von jüdischen Offizieren der Roten Armee. Sie erzählten von den Gaskammern und Krematorien in Auschwitz. Ich wollte nicht glauben, daß meine Mutter und die Kinder auf solche Weise vernichtet worden waren. Als sich dies aber als wahr erwies, hatte ich keine Ruhe mehr in Görlitz. Ich wollte so schnell wie möglich nach Hause kommen und mich selbst davon überzeugen, daß die Familie nicht heimgekehrt war. Die Freude über die Befreiung schlug in Trauer um.

Eines Abends erschienen ein paar betrunkene russische Soldaten in unserer Wohnung und wollten sich über die Mädchen hermachen. Ich spürte die Gefahr und hastete zur Kommandantur, in der mein jüdischer Freund Gerschon diente. Als ich ihm von dem Geschehen berichtete, spannte er seine Waffe, rannte damit zu unserer Wohnung und brüllte die Soldaten an: "Haut ab oder ich schieße!", worauf er mehrmals auf Russisch wiederholte: "Sie sind meine Schwestern!" Die Soldaten suchten erschrocken das Weite.

Als ich eines Tages mit Vater im Stadtzentrum spazieren ging, entdeckte ich plötzlich eine bekannte Gestalt. Ich sagte zu Vater: "Schau mal, das ist ja der Obermeister!" Der Mann schob ein Fahrrad und trug eine blaue Armbinde mit der Aufschrift "Volkspolizei". Wir gingen zu ihm. Er hatte Mühe, uns wieder zu erkennen. Ich bat Vater, auf ihn aufzupassen, und rannte los, um russische Soldaten zu suchen. Schließlich fand ich drei, erzählte ihnen, worum es ging, und als wir zu dem Obermeister kamen, sprach einer der Soldaten ihn auf Deutsch an: "Herr Obermeister, erinnern Sie sich an mich?" Der Soldat war ein Jude, der zwei Jahre vor unserer Ankunft in Görlitz als Häftling bei der WUMAG unter eben diesem Obermeister gearbeitet hatte, aber geflohen war und sich erst den Partisanen, dann der Roten Armee angeschlossen hatte, in einer Sondereinheit, die seine deutschen Sprachkenntnisse und seine Ortskenntnis ausnutzte. Der Soldat sagte uns auf Jiddisch: "Das is mein Scheure!" ("Das ist meine Ware!") und nahm den Deutschen mit.

## Der Weg nach Hause

Der Rückweg war mit vielen Erlebnissen und Abenteuern verbunden. Wir wollten uns nicht lange in Görlitz aufhalten, mit dem Gedanken, es befände sich womöglich ein Überlebender der Familie daheim. Deshalb wollten wir so schnell wie möglich nach Nyírbátor, nach Hause. Allerdings war es schwer, "nach Hause" zu sagen.

Die Kommandantur der Roten Armee stellte uns Gruppenpassierscheine aus. Vater packte seine Siebensachen in mehrere Koffer und Tragkisten und dann auf zwei Fahrräder. Wir hievten das Gepäck auf das Dach des Zuges und fuhren zu viert: Vater, ich, Pessil-Leah und Fejge. Die Wagen waren von russischen Soldaten besetzt. Daher kletterten wir aufs Dach und saßen dort eng gedrängt mit anderen früheren Lagerinsassen. Im Verlauf der Fahrt nahmen die Russen uns die beiden Fahrräder weg, was ich überhaupt nicht bedauerte, weil wir nun weniger Kram mitzuschleppen hatten.

Gegen Abend erreichten wir den Bahnhof von Reichenberg, das heutige Liberec. Unser Zug wurde auf ein Nebengleis geleitet, wo wir mehrere Stunden Aufenthalt haben sollten. Die russischen Soldaten waren in der Mehrzahl betrunken, und wir fürchteten, sie könnten uns etwas antun. Um die Angst loszuwerden, kletterte ich vom Wagendach und machte mich auf die Suche nach Juden unter den Soldaten. Plötzlich hörte man Schüsse aus dem nächtlichen Dunkel des Waldes gegenüber der Bahnstation. Trotz ihres angetrunkenen Zustands konnten sich die russischen Soldaten schnell formieren und das Feuer vehement erwidern. Sie benutzten auch Flammenwerfer, mit denen sie beim Vorstoß die Waldränder in Brand setzten. Wie sich herausstellte, hatten sich im Wald ein paar deutsche Soldaten versteckt, für die der Krieg noch nicht zu Ende war. Ich hörte die Schreie der Deutschen, die sich ergeben wollten, aber die Russen schonten sie nicht. Nach beendetem Einsatz soffen sie weiter wie zuvor.

Bei der Fahrt durch deutsches Gebiet sah ich zerstörte Städte, zerbombte Häuser und besiegte Menschen. Im Stillen wünschte ich mir, es möge Gerechtigkeit geschehen und Deutschland für immer zerstört bleiben. Ich sprach den Deutschen das Daseinsrecht unter den Menschen ab.

Von Reichenberg kamen wir in die slowakische Hauptstadt Bratislava. Im Hauptbahnhof waren bereits viele Züge eingelaufen, darunter auch ein Zug mit ehemaligen Lagerinsassinnen noch in Häftlingskleidung und mit Holzschuhen an den Füßen. Die Frauen saßen auf Plattformen. Plötzlich erschien ein russischer Oberstleutnant, der sich als Jude erwies. Er war entsetzt beim Anblick der Überlebenden, befahl, uns Nahrung zu bringen, und redete Jiddisch mit uns. Als er einen Zug mit deutschen Gefangenen sah, wies er seine Soldaten an, die Türen zu öffnen, und erklärte, die Deutschen sollten mit den Frauen die Schuhe tauschen. Ein Soldat sagte: "Der Holzschuh ist zu klein für die Füße des Deutschen", worauf er ihn anbrüllte: "Nimm halt einen Hammer und schlag seinen Fuß rein!"

Etwas später lief ein Zug mit deutschen Flüchtlingen ein. Der Offizier erteilte Anweisung, die Leute aus dem Zug zu holen und zwischen Männern und Frauen zu trennen. Dann schickte er jede Gruppe in eine andere Richtung weiter. Sobald er sich beruhigt hatte, sagte er auf Jiddisch: "A kleine Nekama: Sallen sej spirn, was s'is geschen in Auschwitz!" ("Eine kleine Rache: Sollen sie mal spüren, was in Auschwitz geschehen ist!")

In Bratislava wurden wir der Obhut des "Joint"[66] übergeben und zum Ausruhen im "Doxa" Hotel untergebracht. Inzwischen hatte ich mehr und mehr Einzelheiten über die Vernichtungslager erfahren, was mich in inneren Aufruhr versetzte und mir keine Ruhe ließ. Durch Bratislava kamen Überlebende aus verschiedenen Lagern und beim Zusammentreffen erzählte jeder seine Geschichte. Unfähig, im Hotel zu bleiben, wanderte ich durch die Straßen, in der Hoffnung, es geschähe womöglich ein Wunder und ich würde meine Familie treffen. Jede Gestalt, die ich von weitem erblickte, sah mir gleich diesem oder jenem Verwandten ähnlich. Aber es waren nur Trugbilder, wie eine Fata Morgana.

Während ich noch gedankenverloren durch die Straßen schlenderte, kam mir Lipa Teitelbaum, der Sohn des Rabbis von Nyírbátor entgegen, Pessil-Leahs Bruder. Im ersten Moment erkannte er mich nicht. Ich fragte ihn auf Jiddisch, ob er seine Schwester sehen wolle, was er apathisch bejahte. Ich nahm ihn mit ins Hotel, damit er seine Schwester Pessil-Leah treffen konnte,

[66] American Jewish *Joint* Distribution Committee, amerikanisch-jüdische Hilfsorganisation

und er schloß sich uns an. Die Begegnung mit ihm weckte neue Hoffnung in mir.

Auf der Straße traf ich einen hochrangigen jüdischen Offizier. Er erkannte sofort, daß ich aus den Lagern kam, und freute sich, mit mir Jiddisch sprechen zu können. Er zog Fotos von seiner Familie aus der Tasche und zeigte sie mir: "Das ist meine Frau, das ist mein Sohn..." So stellte er stolz alle anderen vor. Der Offizier begleitete mich zum Hotel und wollte nicht weichen, bis wir ihm von den Lagern erzählt hatten. Nachdem er gegangen war, kam ein Lastwagen voll guter Sachen, und die Soldaten luden die für uns bestimmten Lebensmittel ab. Ehe wir Richtung Ungarn weiterfuhren, erhielten wir neue Ausweise, die uns als Reisepässe dienten.

Am 6. Juni 1945 kamen wir in Budapest an. Man schickte uns zum Gemeindezentrum am Betlehemtér Platz, wo alle Lagerüberlebenden in Empfang genommen wurden. Wir erhielten Ausweise, Geld und erste Hilfe. Die Anschlagtafeln im Gemeindezentrum waren voll mit Suchanzeigen nach Verwandten. Ich las die Anzeigen einmal und ein zweites Mal, fand jedoch zu meinem größten Bedauern niemanden von meiner Familie.

Ein paar Tage später gelangten wir nach Nyírbátor.

## Rückkehr nach Nyírbátor

Ich kehrte erwartungsvoll und mit gemischten Gefühlen nach Nyírbátor zurück: Vielleicht würde ich einige Überlebende von meiner Familie dort finden? Leider erwies sich das als reine Illusion.

Bei meiner Rückkehr in die Kleinstadt, aus der ich ein Jahr zuvor deportiert worden war, dachte ich mir trübselig und beklommen: Ist das wirklich die Stadt, die ich gekannt habe? Wehmütig betrachtete ich den Marktplatz, der den Mittelpunkt des Geschäftslebens bildete: Die Läden rings um den Platz hatten zumeist Juden gehört. Mir kam es vor, als sei hier die Uhr stehen geblieben, als befände ich mich in einer Geisterstadt. Ich ließ den Blick über die Ladenschilder schweifen, die noch die Namen der alten Besitzer trugen - ich hatte sie fast alle gekannt - und meinte Grabsteine auf einem Friedhof zu sehen. Die jüdischen Gemeindeeinrichtungen, in denen sich einst reges Leben abgespielt hatte, waren menschenleer. Einige Institutionen, wie beispielsweise die Talmud-Thora-Schule und das Stiebel, waren zerstört und spurlos verschwunden. Die Gestalten von einst erschienen mir wie eine Fata Morgana. Ich sah die Zerstörung mit eigenen Augen.

Sobald ich mich von dem ersten Schock erholt hatte, vermochte ich den Umfang der Katastrophe, die uns ereilt hatte, zu ermessen. „Man weint nicht über die Vergangenheit, daher werde ich nicht weinen“ (Samuel J. Agnon [67]).

Die nichtjüdischen Einwohner der Stadt erfuhren durch die Rückkehrer von der grauenhaften Katastrophe und konnten kaum glauben, was geschehen war. Gleich nach unserer Rückkehr besuchte uns Frau Baracsi, Mutters gute Freundin, und brachte uns das Bettzeug zurück, das meine Mutter ihr vor unserer Deportation übergeben hatte. Frau Baracsi empfand Gewissensbisse, weil sie meine Mutter nicht energischer aufgefordert hatte, meine Schwester bei ihr zu lassen.

Einige Überlebende waren schon vor mir zurückgekehrt und täglich kamen ein paar weitere. Die Juden aus den umliegenden Dörfern ließen sich lieber in Nyírbátor nieder, da sie antisemitische Übergriffe fürchteten. Das Zusammentreffen mit den Rückkehrern erregte mich sehr. Andererseits war ich tieftraurig, weil keiner meiner Verwandten zurückgekehrt war. Manchmal geriet ich ins Grübeln und fragte mich: Warum bin ich am Leben geblieben? War es Glück? Zufall? Schicksal?

Als Vater und ich Großvaters Haus aufsuchten, trafen wir darin eine Zigeunerfamilie an. Wir stellten uns vor und sagten, daß das Haus uns gehöre. Die Zigeuner baten uns inständig, sie nicht hinauszuwerfen. Wir hatten Mitleid mit ihnen und waren bereit, sie dort wohnen zu lassen, bis sie eine andere Bleibe gefunden hätten. Im Lauf der Zeit entstand eine Freundschaft zwischen uns, die auch nach ihrem Auszug bestehen blieb. Familie Lakatos spielte bei Veranstaltungen mit Zigeunerweisen auf. Der alte Vater war zwar völlig taub, konnte aber trotzdem hervorragend Cembalo spielen, und der älteste Sohn, Lakatos Kalman, wurde später als Geiger auch über Ungarns Grenzen hinaus berühmt. Als ich in Budapest war, besuchte ich einmal mit Freunden ein bekanntes Kaffeehaus. Beim Eintreten erwartete mich eine Überraschung: Die Kapelle spielte die israelische Nationalhymne "Hatikwa"! Später hörte ich, daß Familie Lakatos diese Hymne als nette Geste meinetwegen gespielt hatte, als sie mich eintraten sahen.

Vor der Deportation hatte ich auf dem Dachboden ein paar Familienbilder und im Keller den Brillantring meiner Mutter versteckt. Nach meiner Rückkehr suchte ich diese Dinge, konnte aber zu meinem Leidwesen nichts finden.

---

[67] 1888-1970, hebräischer Schriftsteller, seit 1908 in Palästina, 1966 Nobelpreis für Literatur.

Im Nachhinein erfuhr ich, daß Antisemiten noch am Tag unseres Weggangs allen jüdischen Besitz geplündert und ausgeraubt hatten.

Die Juden, die in die Stadt zurückgekehrt waren, begannen langsam wieder Fuß zu fassen und versuchten, ein normales Leben zu führen. Reb Lipa, der Sohn des im Holocaust umgekommenen Rabbis Aaron Teitelbaum, organisierte die Gemeinde neu. Der Betsaal der Synagoge war noch mit Gerümpel und zerbrochenen Möbeln vertriebener Juden angefüllt. Deshalb fand der Gottesdienst im "Palisch", dem Durchgang zur Synagoge, statt und dort lernte man auch die heiligen Schriften. Mein Vater schloß sich diesem Lernzirkel an und fand Trost bei den Mitgliedern der wieder gegründeten Gemeinde.

Vater litt noch immer unter Heißhungeranfällen. Bevor er abends schlafen ging, machte er sich ein Tablett mit Essen fertig und stellte es auf einen Schemel neben sein Bett. Mitten in der Nacht wachte er auf und tat sich daran gütlich.

Im Laufe der Zeit traten Meinungsverschiedenheiten zwischen uns auf. Ich bekannte mich zum Zionismus, während Vater zur Orthodoxie und zum Materialismus zurückkehrte. Um unnötige Auseinandersetzungen zu vermeiden, übersiedelte ich zu einem Freund namens Bagyi Szrolovics, der ebenfalls Glaser war und vor der Schoáh mit mir bei David Österreicher gearbeitet hatte. Wir eröffneten Österreichers Werkstatt neu (er selbst und seine Familie waren in Auschwitz umgekommen), machten Glaserarbeiten und rahmten Bilder. Seinerzeit war die Inflation so hoch, daß das Geld stündlich an Wert verlor und es keinen Sinn hatte, für Geld zu arbeiten. Deshalb zogen wir Eier oder andere Agrarprodukte als Bezahlung vor. Die Regale füllten sich mit Eiern und Gemüse. Tag für Tag brieten wir uns in der Werkstatt Rühreier. (Damals waren wir fähig, zwanzig Eier am Tag zu verputzen!)

Bagyi meldete sich zur Geheimpolizei und nahm an der Suche und Festnahme von ungarischen Nazi-Verbrechern, den Pfeilkreuzlern, teil, die an der Judendeportation mitgewirkt hatten. Die Mühe war nicht vergeblich. Es gelang ihm, einige dieser Leute aufzuspüren. Baci wanderte später in die Vereinigten Staaten aus. Seither haben wir uns nicht mehr gesehen.

Vater eröffnete eine Uhrenwerkstatt und brauchte Werkzeug und Ersatzteile. Er erzählte mir, er habe gehört, daß die beiden Schwiegertöchter meines Onkels Alter, Magda und Aranka, aus den Lagern zurückgekehrt seien. Aranka hatte sogar ihren kleinen Sohn Motti retten können. Außer diesen beiden Schwiegertöchtern und dem Enkel war die ganze Familie im Holocaust umgekommen.

Vor der Schoáh war mein Onkel Alter Inhaber der Firma "Silber A Jozsef" in der ungarischen Stadt Sátoraljaújhely, anfangs in Partnerschaft mit seinem Bruder Schlomo. Als die Partnerschaft auseinander ging, eröffnete Schlomo ein ähnliches Unternehmen in der ungarischen Stadt Debrecen. Alters Firma befaßte sich unter anderem mit dem Vertrieb von Uhren, Ersatzteilen und Uhrmacherwerkzeugen und dem Import von Uhren und Ersatzteilen von guten Schweizer Firmen. Eine Schweizer Firma lieferte ihm Taschenuhren mit der Bezeichnung "Reblis" - der Umkehr seines Namens "Silber".

Die Deutschen hatten jedes Haus und Ladengeschäft der deportierten Juden heimgesucht und völlig ausgeraubt. Später plünderten die russischen Soldaten, die auch den Besitz der Nichtjuden mitnahmen. Doch welch ein Wunder - aus unerfindlichen Gründen war das Geschäftshaus meines Onkels Alter nicht aufgebrochen und ausgeplündert worden, weder von den Deutschen noch von den Russen!

Vater bat mich, nach Sátoraljaújhely zu fahren, um ihm Uhren, Arbeitsgeräte und Ersatzteile zu holen. Er meinte, wegen des engen Verwandtschaftsgrads (Alter war ein Bruder meiner Mutter gewesen) ständen mir ein paar Sachen zu. Ich wollte Vater den Wunsch nicht abschlagen, obwohl mir zu jener Zeit materielle Dinge nichts bedeuteten, und fuhr deshalb eher widerwillig nach Sátoraljaújhely.

Die Schwiegertöchter, Magda und Aranka, hießen mich herzlich willkommen und freuten sich sehr, einen weiteren Überlebenden aus dem Verwandtenkreis wiederzusehen. Sie bewirteten mich gut und nach dem Abendessen erzählte jeder von uns seine Lagererlebnisse. Die Geschichten gingen die halbe Nacht weiter. Außerdem nannte ich ihnen den Zweck meines Besuchs, worauf sie sagten, am nächsten Morgen würden wir zusammen ins Lager gehen und ich könne mir nehmen, was immer ich wolle.

Als ich das Lager betrat, wurde mir buchstäblich schwarz vor Augen. Ich sah Kisten wahllos herumstehen, einige voller Uhren, darunter auch solche aus Gold. In anderen Kisten fand ich unglaubliche Mengen an Rubinen, Uhrenersatzteilen und Uhrmachergerät. Ich sammelte ein paar Werkzeuge zusammen - Pinsel, Zangen, Hämmer und anderes Gerät, das zur Reparatur von Uhren dient - und packte es in die mitgebrachte Tasche. Als ich gehen wollte, drängten Magda und Aranka mich, noch ein paar Dinge mehr mitzunehmen. Ich sagte ihnen, moralisch betrachtet hätte ich kein Recht, mir irgend etwas anzueignen. Sie wollten mir eine Armbanduhr schenken (ich besaß damals noch keine Uhr), aber ich lehnte ab. Magda und Aranka gaben mir die Anschrift meines Onkels Zwi in Tel Aviv und teilten mir mit, daß der Cousin Joska und die Cousine Lili zurückgekehrt seien und in ihrem Elternhaus in Debrecen lebten. Ich nahm tief bewegt von ihnen Abschied. Später traf ich sie in Israel wieder und wir blieben lange in Verbindung.

Wieder in Nyírbátor, übergab ich Vater die Tasche mit dem Werkzeug. "Ist das alles?", fragte er. Ich bejahte und erzählte ihm alles, was ich gesehen hatte. Natürlich war er ärgerlich, aber ich achtete nicht darauf.

## Die Wende in meinem Leben nach der Schoáh

Eines Tages erschien in Nyírbátor ein Abgesandter aus Israel namens Efraim Gottlieb. Er war der erste leibhaftige "Sabre"[68], den ich zu Gesicht bekam. Efraim war im Namen der religiösen zionistischen Jugendbewegung Bne Akiva gekommen. Gegen Abend versammelten sich die Gemeindemitglieder in der provisorischen Synagoge und Efraim hielt eine enthusiastische Rede in jiddischer Sprache, in der er die anwesenden Holocaustüberlebenden mit aller Macht zu überreden suchte, nach Israel zu kommen. Mich brauchte er nicht zu überzeugen, denn ich hatte mich ohnehin schon zur "Alija"[69] entschlossen. Bei meiner Rückkehr nach Nyírbátor war mir klar, daß ich nicht lange bleiben würde.

Ich nahm mir vor, meinen alten Traum zu erfüllen, ins Land Israel zu übersiedeln, und vergaß dabei auch nicht die Worte Rabbi Lembergers, der mir acht Jahre zuvor gesagt hatte, es werde einmal einen jüdischen Staat und jüdische Soldaten geben. Auch meine Mutter hatte ich nicht vergessen, die all die Jahre davon geträumt hatte, einmal ins Land Israel einzuwandern, ein Traum, der sich zu meinem größten Leidwesen nie verwirklichen sollte.

Ich bat Efraim, mir bei der Auswanderung behilflich zu sein, und er versprach, sich bei der Budapester Stelle der Bewegung für mich einzusetzen. Außerdem schenkte er mir ein Hebräischlehrbuch. Ich traf ihn dann in Budapest wieder. Später, während eines Wehrurlaubs, besuchte ich ihn und seine Familie in der Landwirtschaftsschule Mikwe Israel bei Tel Aviv, an der er lehrte. Leider ist Efraim Gottlieb jung gestorben.

Vor meiner Abreise nach Budapest verabschiedete ich mich von allen meinen Bekannten mit dem Wunsch: "Auf Wiedersehen in Erez Israel!" ("...im Land Israel!") Zuerst fuhr ich nach Debrecen, um meinen Cousin Joska und

---

[68] Bezeichnung für die Früchte der Kakteen, hier im übertragenen Sinne: außen stachelig, innen süß!

[69] Hebräisch "Aufstieg", Einwanderung nach Israel.

meine Cousine Lili wiederzusehen. Die Begegnung mit ihnen war einerseits erfreulich, andererseits aber auch traurig, weil die übrigen Familienmitglieder nicht zurückgekehrt waren. Vor der Schoáh hatten wir besonders engen Kontakt gepflegt. Manchmal hatte ich die Sommerferien bei ihnen verlebt und Lili war oft zu uns auf Besuch gekommen.

Die Eisenbahnfahrten waren damals nicht besonders angenehm, denn wenn man keinen Sitzplatz ergattern konnte, mußte man stundenlang stehen. Zum Glück fand ich auf der Fahrt von Debrecen nach Budapest, rund 250 km, einen Sitzplatz.

Die Stadt Budapest kannte ich nur oberflächlich. Ich hatte sie erstmals nach meiner Rückkehr aus den Lagern aufgesucht, war aber nur kurz dort geblieben. Als ich aus dem Budapester Bahnhof im Stadtzentrum heraustrat, erschrak ich vor dem lauten Großstadtgetümmel, stand hilflos auf der Straße und wußte nicht, welche Richtung ich einschlagen sollte. Ich fragte Passanten, wie man zur Eva-Straße 10 käme. Die Leute rieten mir, die Straßenbahn-Linie soundso zu nehmen und an einer bestimmten Stelle in eine andere Linie umzusteigen. Das war zu kompliziert für mich. Tatsächlich hatte ich auch Angst, eine Straßenbahn zu besteigen, und ging lieber zu Fuß. Gelegentlich hielt ich erneut Vorübergehende an und wiederholte meine Frage nach dem Weg. Nach all den Erklärungen meinte ich, ihn nun bestens zu kennen. Doch weit gefehlt. Stundenlang wanderte ich umher, und erst im Nachhinein ging mir auf, daß ich die meiste Zeit um das gesuchte Gebäude herum gelaufen war. Bei meinen Irrwegen konnte ich die Kriegsschäden sehen - durch Schüsse und Bomben zerstörte Häuser. Die schönen Figuren, die einst die Fassaden in den Hauptstraßen Budapests geschmückt hatten, wirkten wie abstrakte Skulpturen.

Schließlich fand ich die gesuchte Adresse. Das Büro war in einem hohen Stockwerk des betreffenden Gebäudes untergebracht, so daß ich den Aufzug benutzen mußte. Ich muß gestehen, daß ich bis dahin noch nie Lift gefahren war und beim Anblick dieses eigenartigen Gefährts in Verlegenheit geriet. Ich studierte die Schalttafel und drückte dann tatsächlich auf den richtigen Knopf. Plötzlich ging die Tür hinter mir zu, der Aufzug rüttelte und ich fürchtete, darin eingeschlossen zu bleiben. Ähnliches erlebte ich bei meiner Bekanntschaft mit der Straßenbahn, als ich keine Ahnung hatte, wie man einen Fahrschein löst, welche Linie ich nehmen und wo ich umsteigen mußte. Im Fahren auf- und abspringen war mir zu akrobatisch. Die Freunde erklärten mir später: "Solange du nicht beim Fahren auf- und abspringen kannst, bist du kein richtiger Städter!" Was soll ich sagen, mit der Zeit habe ich es irgendwie gelernt.

Ich kam heil im Büro an. Beim Eintreten merkten die Genossen gleich, daß ich aus einem Dorf stammte. Die Leiter der Organisation, Ossi, Schraga und Usi, begrüßten mich, und zum erstenmal führte ich ein Gespräch auf Hebräisch, ein bißchen holprig zwar, aber ich war doch sehr stolz. Sie rieten mir, einen Vorbereitungskurs in der Bajcsi-Zsilinszki-Straße 46 in Budapest mitzumachen.

Die Räume dieses Kurses, der sogenannten "Hachschará"[70], befanden sich im Stadtzentrum und nahmen ein ganzes Stockwerk ein. Die Nachbarn unter uns waren bedauernswert. Sie litten unter dem Lärmen und Singen, vor allem wenn wir "Hora" tanzten. Wir lebten ähnlich wie in einem israelischen Kibbuz. Ziel war es, uns zu einer festgefügten Gruppe zusammenzuschweißen, die dann entweder eine neue Siedlung gründen oder einen bestehenden Kibbuz verstärken sollte. Die meisten Genossen arbeiteten draußen, während die Mädchen mit Hilfe einiger Jungen den Haushalt führten. Die Arbeitseinnahmen flossen in die Gemeinschaftskasse. Anfangs war ich mit dem Leben im Kollektiv nicht recht einverstanden. Es dauerte eine Weile, bis ich mich an diese Lebensform gewöhnt hatte.

Die Leitung bemühte sich, Arbeitsplätze für uns zu finden. Ich kam bei einer Süßwarenfirma namens "Stollwerk" unter, die in jüdischem Besitz war. Das Werkslager befand sich am Ufer der Donau, dort wurde die Ware versandfertig gemacht. Ich arbeitete zusammen mit einem einheimischen Juden, der mich anlernte, wie man die Sendungen verpackte und verschnürte. Anfangs dachte ich, das sei eine einfache Arbeit, die jeder leicht verrichten könne. Doch bald merkte ich, daß es gar nicht so einfach war. In diesen Tagen futterte ich so viel Schokolade, daß mir die Lust auf Süßigkeiten verging.

Ich gewöhnte mich recht schnell an das Leben in der Stadt und fand mich einigermaßen in ihr zurecht, wie gesagt, lernte ich sogar das Auf- und Abspringen während der Fahrt. Mit den neuen Freunden verstand ich mich gut. Wir gingen meist zusammen aus und verübten auch manchen Schabernack. Bei einer Straßenbahnfahrt fanden wir keine Sitzplätze. Was war zu tun? Der eine Genosse begann, sich zu kratzen, und der andere fragte ihn laut: "Sag mal, hat die Salbe, die der Arzt dir verschrieben hat, schon was geholfen?" Die Leute auf der nächsten Bank flüchteten erschrocken und hielten Abstand von uns.

Während der Verfolgung war mein ja Vater zum Arbeitsdienst eingezogen worden, so daß meine Mutter selbst für den Unterhalt sorgen mußte. Notgedrungen hatte ich deshalb die Schule aufgegeben, um zur Ernährung der Fami-

---

[70] Hebräisch "Ausbildung"

lie beizusteuern. Aus den Lagern zurückgekehrt, fand ich, daß ich mich fortbilden müßte. Ich schrieb mich bei der Bibliothek ein und las eifrig Bücher von Schriftstellern, die seinerzeit populär waren: Zweig, Sinclair, Victor Hugo, Tolstoi und andere. Anfangs las ich in ungarischer Sprache, dann ging ich langsam zu hebräischer Lektüre über, aber auch das Jiddische vernachlässigte ich nicht. Zum Glück hatte meine Mutter mir als Kind jiddisch lesen und schreiben beigebracht. Seinerzeit hatte sie mir jiddische Geschichtensammlungen (*Meisse Buchelech*) besorgt, die in ultraorthodoxen Kreisen beliebt waren und zumeist von Rabbis und Zaddikim handelten, die allerlei Wundertaten vollbrachten. Besonders erinnere mich noch an die eindrucksvolle Lebensgeschichte von Rabbi Gerschom, "der Leuchte der Diaspora" (ca. 960-1028), dessen Name unter anderem mit dem Verbot der Vielehe verbunden ist. Jetzt las ich die großen jiddischen Schriftsteller Schalom Alejchem, Mendele Mocher Sforim[71] und Isaak Leib Perez[72].

Ich wollte mir die Kultur gewissermaßen im Sturm erobern und suchte daher die kulturellen Einrichtungen Budapests auf. Kunst und Musik waren für mich Neuland. Gelegentlich besuchte ich die Musikakademie, in der das philharmonische Orchester der Stadt klassische Werke spielte. Besonders gern ging ich ins Operettenhaus, in dem die berühmten ungarischen Komponisten Kálmán, Kodály, Léhar und andere aufgeführt wurden. Manchmal ging ich auch in die Oper.

Außerdem studierte ich eifrig Hebräisch, Geschichte des Zionismus und trat dem "Hebräischen Club" bei, in dem - gewöhnlich am Schabbat - Vorträge stattfanden. Die Dozenten waren meist Abgesandte zionistischer Stellen in Israel oder einheimische Intellektuelle, die an dem bekannten Budapester Rabbinerseminar lehrten, darunter Dr. Scheiber, Dr. Szepesi und Elieser Grosz. Zum erstenmal wurde ich Zeuge einer stürmischen Debatte zwischen extremen politischen Gegnern: Ein Kommunist aus Israel stritt sich mit einem Mitglied des örtlichen revisionistischen Jugendverbands "Betar"[73]. Damals gab es noch keine größeren Reibereien zwischen Religiösen und Freidenkern. Die Religiösen waren gemäßigter, obwohl die Ultraorthodoxen immer noch den Zionis-

---

[71] Schalom Jakob Abramowitz (1835-1917), bedeutender jiddischer u. hebräischer Schriftsteller in Rußland.

[72] 1851-1915 jiddischer u. hebräischer Schriftsteller.

[73] "Beitar", Abk. für "Brit Trumpeldor", 1923 in Riga gegründet, Jugendorganisation der revisionistischen Partei, benannt nach dem 1920 gefallenen zionistischen Pionier Joseph Trumpeldor.

mus ablehnten, und die Freidenker bemühten sich, die Religiösen nicht zu ärgern.

1946 fanden erstmals nach dem Krieg wieder Wahlen in der Budapester jüdischen Gemeinde statt. Der Wahlkampf tobte im wesentlichen zwischen zwei Lagern, den Zionisten und den Antizionisten - letztere in der Mehrzahl assimilierte Juden und Kommunisten. Die Zionistenzentrale in Budapest rief die Genossen von der Hachschara auf, in den Versammlungssälen der Antizionisten aufzutauchen, Unruhe zu stiften und so viel wie möglich zu stören. An der Spitze der Organisation stand Josef Golan (Fetmann) aus meiner Vaterstadt. Manchmal kam es sogar zu Handgemengen.

## Der Prozeß

Die Genossen von der Hachschara erzählten mir, jeden Samstag würden ungarische Naziverbrecher vor Gericht gestellt. Ob ich Lust hätte, die Prozesse zu verfolgen? "Klar!", sagte ich. - Um einen Platz im Gerichtssaal zu ergattern, mußten wir so früh wie möglich erscheinen. Das Gericht tagte in der Marko-Straße in eben dem Gebäude, in dem sich auch das berühmte Gefängnis befand. Im Februar und März 1946 kamen ungarische Naziverbrecher, die Leute der Pfeilkreuzlerbewegung, vor ein Volksgericht. Die Verhandlungen fanden überwiegend an Samstagen statt, und das Publikum bestand im wesentlichen aus jüdischen Holocaust-Überlebenden. Außerdem waren Verwandte der Angeklagten im Gerichtssaal, die sich jedoch lieber auf einer Hinterbank zusammendrängten und Distanz von uns hielten. Das Bewußtsein, die Naziverbrecher dem Galgen zugeführt zu sehen, war für mich ein kleiner Trost. Seinerzeit war ich auf Rache aus und konnte gut mit ansehen, wie die Nazischergen hingerichtet wurden.

Ich dachte mir an jenen Samstagen, daß der Tagespsalm für mittwochs, Psalm 94, am besten dieser Wirklichkeit entspräche: "Gott der Rache, Ewiger, Gott der Rache, erscheine! Erhebe dich, Richter der Erde, vergilt Lohn den Hochmütigen!"

Die Gerichtsverhandlungen waren verhältnismäßig kurz. Mal wurden Einzelne angeklagt, mal auch eine Gruppe von Tätern. Die Richter folgten meist den Ermittlungsberichten und erließen fast immer Todesurteile. Nach der Urteilsverkündung wurden die Verurteilten zur Vollstreckung in den Gefängnishof hinunter geführt. Auch wir rannten dann hinunter, um einen Platz nahe an den Galgen zu ergattern.

Das Kopfsteinpflaster des Gefängnishofs war über die Jahre derart glattgewetzt, daß man schwer darauf gehen konnte. Die einst roten Backsteinmauern ringsum waren mit der Zeit schwarz geworden. Durch die vergitterten Gefängnisfenster konnten die Häftlinge das Geschehen auf dem Hof verfolgen. In der Mitte des Hofes standen vier Galgen. Die Delinquenten wurden von einem Trupp Soldaten, angeführt von einem Offizier, das Treppenhaus hinunter geleitet. Einmal sah ich zu meiner Überraschung, daß der führende Offizier ein Jude aus meiner Stadt war. "Weinberger!", rief ich ihm zu. Er erkannte mich sofort und wir winkten einander zu. Der Offizier führte den Verurteilten einem Richter vor, der an einem Tisch auf dem Hof saß, das Urteil erneut verlas und Anweisung zu seiner Vollstreckung gab. Dann wurde der Delinquent Henker Bogár übergeben. Bogár, dessen Vater bereits ein bekannter Henker gewesen war, hatte beachtliche Größe und Körperkraft. In einem Fall versuchte ein Delinquent ihn vor der Hinrichtung anzugreifen. Bogár versetzte dem Mann mit seiner Riesenhand einen Schlag auf den Kopf, daß er zu Boden ging, hob ihn an den Haaren wieder hoch und versprach den Zuschauern, daß er ihn langsam hängen werde.

Die Hinrichtung verlief normalerweise folgendermaßen: Der Henker fesselte dem Delinquenten die Hände vor dem Körper und fragte den Täter, ob er noch etwas sagen wolle. Meist verfluchten sie dann die Juden. Danach zog er ihm manchmal (nicht immer) einen schwarzen Sack über den Kopf, legte ihm die Schlinge um den Hals und band ihm einen Strick um die Beine. Dann zog er beide Stricke über den Haken des Galgens, bis das Genick brach. Nachdem der Arzt den Tod festgestellt hatte, nahm man den Leichnam ab.

Einmal sollten fünf Mörder gehenkt werden, die sogenannten "Mörder des Kreises St. István". Sie wurden beschuldigt, Juden kaltblütig erschossen und ihre Leichen in die Donau geworfen zu haben. Während des Prozesses erhitzten sich die Gemüter, die Zuschauer wollten die Täter lynchen. Als sie schließlich zur Hinrichtung geführt wurden, fragte ich mich, wie man fünf aufhängen würde, wo doch nur vier Galgen dastanden. Bogár henkte zuerst vier, schob die Leiche des ersten beiseite und hängte dann den fünften daneben. Während der Hinrichtung sangen die Zuschauer laut im Chor: "Lassan, Bogár!" ("Langsam, Bogár!") und warfen ihm Münzen und Zigaretten zu.

## Die Flucht

In meiner Fluchthelferzeit erlebte ich viel Interessantes. Die meiste Tätigkeit erstreckte sich auf die Grenze zwischen Ungarn und Rumänien. Deshalb setzte ich die Hachschara in der grenznahen Stadt Debrecen fort.

Weisungen und Geld erhielten wir über ein harmloses Postfach im Eingang eines Gebäudes in der Budapester Bankenstraße. Jede Woche konnten wir Dutzende Israel-Auswanderer aus Rumänien über die Grenze nach Ungarn schleusen. Auf ungarischem Gebiet angelangt, luden wir sie auf Lastwagen und fuhren sie zur nächsten Bahnstation Richtung Debrecen. Von dort fuhren sie weiter über Budapest nach Österreich bis zum Rothschild-Haus in Wien. In manchen Fällen spürte die rumänische Grenzwacht die Ausreisewilligen in den rumänischen Wäldern auf und schoß wahllos auf sie, gelegentlich gab es dabei auch Verletzte. Als die Ungarn strenger aufpaßten, lotsten wir die Auswanderer nach Nyírbátor und versteckten sie dort ein paar Tage in der Mikwe. War die Luft dann rein, brachten wir sie an den Bahnhof zum Zug nach Debrecen.

Bei einem meiner Aufenthalte am rumänischen Grenzübergang erwartete mich eine Überraschung. Nach Betreten der Wachstube traute ich meinen Augen kaum, als ich meinen Onkel Ezra (einen Bruder meiner Mutter) mit seiner Frau und drei kleinen Kindern vor mir sah. Ich kannte ihn von Bildern, die wir vor der Schoáh besessen hatten. Ezra saß am Tisch und reparierte die Uhren der rumänischen Soldaten. Den Tag zuvor hatte man die Familie erwischt und war drauf und dran, sie zurückzuschicken. Ezra hatte ihnen erzählt, er sei Uhrmacher und bereit, ihre Uhren nachzusehen. Erfreut über die Gelegenheit, hatten sie ihm ein paar Uhren zur Reparatur übergeben, und so waren sie bis zu unser Zufallsbegegnung dort geblieben. Ich brachte sie direkt nach Debrecen zu meinen Onkeln, wo sie ein paar Tage blieben, ehe sie ihren Weg nach Österreich fortsetzten. Später traf ich sie im Einwandererheim von Pardes-Chana (Israel) wieder.

Manchmal machten die ungarischen Grenzwächter uns Schwierigkeiten. Deshalb mußten wir uns allerlei Finten ausdenken. Als wir eine Auswanderergruppe auf den Lastwagen verfrachteten, nahmen wir ihnen die Ausweise und alles sonstige ab, was von ihrer rumänischen Herkunft zeugen könnte. Außerdem baten wir sie, nur Jiddisch zu sprechen und um Himmels willen kein einziges rumänisches Wort herausrutschen zu lassen. Wie erwartet, hielten ungarische Soldaten das Fahrzeug an, konnten aber natürlich nicht mit den Leuten reden. Wir kamen wie zufällig auf Fahrrädern vorbei und fragten die Grenzer, ob wir ihnen helfen könnten. Sie freuten sich über unsere Liebenswürdigkeit.

Wir dolmetschten ihnen, die Leute kämen aus Österreich und wollten nach Rumänien, um von der Hafenstadt Constanza nach Palästina weiterzufahren. Die Ungarn entschieden streng: Man werde ihnen keinesfalls die Ausreise nach Rumänien gestatten, sondern sie auf der Stelle nach Österreich zurückschicken! Zur Sicherheit begleiteten sie den Lastwagen bis an die österreichische Grenze. Im Stillen dankten wir den Ungarn für den guten Dienst, den sie uns damit erwiesen.

Mein Freund Pinchas Rosenbaum bat mich eines Tages telefonisch, eine Gruppe von Kindern (die man aus den Klöstern geholt hatte) von Debrecen nach Budapest zu bringen. Seinerzeit waren die Züge überfüllt, so daß man keinen freien Platz finden konnte, gewiß nicht für eine ganze Kindergruppe. Ich suchte den Bahnhofsvorsteher auf. Nachdem ich ihm ein dickes Schmiergeld gezahlt hatte, reservierte er uns einen Waggon und sorgte dafür, daß an dessen Außenwände große rote Plakate mit einer Warnung des Gesundheitsministeriums geklebt wurden: "Vorsicht! Infektionsgefahr. Den Wagentüren fernbleiben!"

Nachdem wir uns in dem Waggon niedergelassen hatten, erschienen russische Soldaten und forderten nachdrücklich, den Wagen zu räumen. Ich wußte, mit den Russen läßt sich nicht spaßen. Wir stiegen notgedrungen aus. Ich stellte fest, daß der Wagen für sieben hochrangige russische Offiziere requiriert werden sollte. Nach den Gesichtszügen eines Offiziers nahm ich an, daß er Jude war. In diesem Moment kamen mir meine leidlichen Russischkenntnis zu Hilfe, ich ging zu dem Offizier und fragte ihn: "Herr Offizier, Sie sind Jude, nicht wahr?" Er antwortete mir ohne Zögern: "Gewiß!" "Haben Sie von dem Vernichtungslager Auschwitz gehört?", fragte ich weiter. Er bejahte auf Jiddisch, darauf erklärte ich ihm: "Die Kinder und ich sind Überlebende, und Ihretwegen haben die Soldaten uns aus dem Waggon vertrieben." Sofort gab er den Soldaten Anweisung, uns wieder einsteigen zu lassen. Er selbst stellte sich auf die Wagenstufen und fragte mich jedes Mal: „Ist der Jude? Ist der auch Jude?“ Sobald ich bejahte, sagte er: „Laß ihn einsteigen!“ Wie sich herausstellte, waren die meisten Offiziere Juden. Ein christlicher Arzt, der dabei war, erzählte, er habe eine Freundin in Moskau, eine jüdische Ärztin, und bat mich, ihm einen Brief auf Jiddisch an sie aufzusetzen. Unterwegs berichtete ich ihnen von meinen Erlebnissen in den Lagern, was sie in große Erregung versetzte.

Einmal war die Verbindung zu einer Fluchthelfergenossin abgerissen und aus Sorge um ihr Wohl wurde ich an eine bestimmte Budapester Adresse geschickt, um Nachforschungen über ihr Schicksal anzustellen. Als ich dort klingelte, ging die Tür auf, eine Hand fuhr heraus und zerrte mich hinein. In der Wohnung befanden sich zwei ungarische Geheimpolizisten, die mir sofort Schläge versetzten und mich über das Mädchen verhörten. Sie brachten mich in die Zentrale der Geheimpolizei und überstellten mich einem Ermittlungsoffizier. Mühelos erkannte ich seine jüdische Abstammung. Er gehörte der kommunistischen Partei an, die der zionistischen Bewegung nicht besonders wohlgesonnen war. Seine erste Frage lautete: "Welcher zionistischen Partei gehören Sie an?" - "Derselben Partei, der sie angehören", antwortete ich. Nach einer langen Debatte, die beinahe in Handgreiflichkeiten zwischen uns ausgeartet wäre, rettete ein Anruf die Lage. Ich begriff, daß es um mich ging. Nach Ende des Gesprächs händigte der Offizier mir meine Papiere wieder aus, die zum Teil gefälscht waren, und sagte, ich solle abhauen.

**Pinchas (Tibor) Rosenbaum**

Pinchas Rosenbaum entstammte einer Rabbinerfamilie aus der ungarischen Kleinstadt Kisvárda (Kleinwerdan). Er war ein begabter Redner, besaß umfassende Thorakenntnisse und beherrschte Hebräisch, Englisch, Jiddisch, Ungarisch, später auch Französisch. Als wir bei der Fluchthilfe zusammenarbeiteten, bewohnten wir ein gemeinsames Zimmer, so daß ich ihn näher kennen lernen konnte. Ich hörte ihn gern von seinen Rettungsaktionen während des Zweiten Weltkriegs erzählen. Nach dem Krieg erschien er in der Uniform eines UNRRA[74]-Offiziers und konnte sich so Einlaß in die Klöster verschaffen, um jüdische Kinder aufzufinden und herauszuholen, die dort während des Krieges versteckt worden waren.

Einmal war er plötzlich zwei Wochen verschwunden. Nach seiner Rückkehr erzählte er mir: Ich war in London, habe mich dort mit einer Tochter aus wohlhabendem Hause (der Familie Stern) verlobt. Mit seinem typischen Lächeln zog er einen Füllfederhalter Marke Parker mit Goldfeder aus der Tasche und bemerkte auf Jiddisch: "Dos hab ich bekummen als Drascha-Geschank!" ("Das hab ich als Verlobungsgeschenk bekommen!") - Danach hörte ich lange nichts mehr von ihm. Später erfuhr ich, daß er nach der Hochzeit nach Genf übersiedelt war. Einmal las ich in einer Zeitung, Tibor (Pinchas) Rosenbaum sei mit dem liberianischen Staatspräsidenten Tubman im selben Flugzeug geflogen. Als der Staatsmann ihn Gebetsriemen anlegen sah, habe Rosenbaum

[74] UN-Organisation zur Betreuung von Flüchtlingen, 1943 gegründet.

ihm deren Bedeutung erklärt. Dann sei das Gespräch zu Wirtschaftsfragen übergegangen. Der Präsident sei von ihm derart beeindruckt gewesen, daß er ihn zum Wirtschaftsberater seines Landes ernannt habe. Fortan erlangte Pinchas Rosenbaum internationale Berühmtheit. Er kam zu Vermögen und wurde Präsident seiner Bank in Genf. Er war auch an Investitionen in Israel beteiligt und ein guter Freund des damaligen israelischen Finanzministers Pinchas Sapir. Gelegentlich trafen wir uns in Israel, wobei er sich jedes Mal erkundigte, ob er irgendwo helfen könne.

Einer meiner Bekannten wandte sich eines Tages mit der Bitte an mich, ob ich Pinchas Rosenbaum um Hilfe für seinen jüngsten Sohn angehen könne, der an Kehlkopfkrebs leide. Die Ärzte hätten geraten, ihn zur Strahlentherapie nach Genf bringen. Ich gab der Mutter des Jungen, die ihn begleitete, einen Brief an Pinchas mit, in dem ich ihn bat, sich um die beiden zu kümmern. Nach ihrer Rückkehr erzählte mir die Mutter, Pinchas habe für sie und ihren Sohn gesorgt und alle Krankenhaus- und Hotelkosten beglichen. Als ich in der Schweiz war, stattete ich Pinchas in Genf einen Besuch ab. Er führte mich zu der Synagoge, die er genau nach Vorbild seiner väterlichen Synagoge in Ungarn hatte errichten lassen. Pinchas starb noch in jungen Jahren.

## Vaters Besuche

Vater besuchte mich während der Hachschara häufig in Debrecen, das nur 50 km von Nyírbátor entfernt liegt. Bald wurde mir klar, daß Vater nicht unbedingt meinetwegen so oft nach Debrecen kam. Er hatte durch einen Heiratsvermittler eine Witwe namens Böske (Rachel) Horowitz aus Debrecen kennen gelernt, deren Mann in der Schoáh umgekommen war. Sie besaß eine Näherei für Damenmoden und war eine hübsche, schlanke und gebildete Frau. Ihr Vater Zwi Horowitz (Hermann Bácsi) kam in den fünfziger Jahren nach Israel. Ihr Bruder Gabriel (Gabi) und seine Frau Judith nahmen an der Hachschara der zionistischen Jugendbewegung in Debrecen teil. Gabi war später jahrelang Lehrer und Kulturbeauftragter der landwirtschaftlichen Internatsschule Mikwe Israel bei Tel Aviv. Der zweite Bruder, Chaim Horowitz, der in den dreißiger Jahren nach Israel ausgewandert war, gehörte erst dem Kibbuz Kfar Szold an und lebte später im Kibbuz Givat Chaim Ichud.

Nach kurzer Zeit heiratete Vater seine Böske, die ihm vier Kinder gebar. Im ersten Jahr ihrer Ehe feierten wir den Sederabend wieder an Vaters Tisch, zusammen mit Gabi und dessen Frau Judith, und sangen auch wieder hebräische Lieder, diesmal ohne Bangen.

Zur Hachschara in Debrecen kam ein neues junges Mädchen, das wir Zusu nannten. Sie war von besonderer Schönheit und eine begnadete Sängerin. Ich verliebte mich auf den ersten Blick in sie. Ich kann mir nicht erklären, warum ich seinerzeit Angst hatte, ihr meine Gefühle zu zeigen. Vermutlich litt ich unter Minderwertigkeitskomplexen. Kurz nach ihrem Eintreffen bereitete ich die jährliche Chanukka-Feier vor und bat Zusu, dabei ein Lied zu singen. Sie stimmte zu, brauchte aber Klavierbegleitung. Deshalb ging ich mit ihr zu einem Pianisten in der Stadt, mit dem sie üben konnte. Unterwegs hatte ich Angst, neben ihr zu gehen, und wahrte die ganze Zeit Abstand, als gehörten wir gar nicht zusammen. Als Vater Zusu bei einem seiner Besuche sah, sagte er: "Weißt du was, dieses Mädchen ist sehr hübsch, warum führst du sie nicht aus?!" - "Schütte bitte kein Öl ins Feuer!", antwortete ich. Eines Tages kam ein neuer Junge namens Gerschon (Gecú) zu uns. Er war klein, trug eine schiefe Brille auf der Nasenspitze, machte sich sofort an Zusu heran und verkündete nach kurzer Zeit, daß sie heiraten würden. Nach der Trauung ging ich zu Zusu, um ihr Glück zu wünschen. Sie zog mich beiseite und sagte mir einen einzigen Satz: "Du bist ein großer Hasenfuß!" Wie sich herausstellte, hatte auch sie tiefe Gefühle für mich gehegt. Zusu ging nach Israel, und zwar nach Safed (Zfat).

Als ich mich im Oktober 1998 einmal in Safed aufhielt, traf ich einen Freund namens Schlomo Haupt aus der Hachschara in Debrecen, der in Zfat wohnte, und fragte ihn, ob er wisse, wo Zusu stecke, denn ich wußte ja, daß sie lange in Zfat gelebt hatte. Schlomo erzählte mir, daß sie einige Jahre zuvor nach Rechovot gezogen sei. Nach kurzem Suchen fand ich ihre Telefonnummer und rief sie an. Es war ein Gespräch nach 51 Jahren. Als ich sagte, wer am Apparat sei, antwortete sie tief bewegt: "Weißt du, heute habe ich Geburtstag, und dies ist das schönste Geschenk, das ich hätte bekommen können!"

## Makó

Aus Debrecen wurde ich in die südungarische Stadt Makó, nahe der Grenze zu Rumänien und Jugoslawien, geschickt. Makó war seiner besonderen Zwiebeln wegen berühmt. Nach dem Krieg wurde die Hachschara in einem Gebäude eingerichtet, das früher die Talmud-Thora-Schule beherbergt hatte. Als die Genossen nach Israel gingen, beschloß die Führung, das Gebäude zu halten, um nicht die Finanzzuweisung für die Hachschara zu verlieren. Deshalb sollte ich dorthin kommen und dafür sorgen, daß es so aussah, als liefe der Kurs normal weiter. Bei einer Kontrolle erklärte ich den Inspektoren, die Genossen seien alle draußen bei der Arbeit.

In Makó fand ich ganze Familien, welche die Schoáh überlebt hatten, d.h. auch Alte und Kinder. Tatsächlich waren 1944 im Ghetto Szeged 21.000 Juden, zumeist aus Südungarn, darunter auch Juden aus Makó, zusammengefaßt worden. Von Szeged hatte man sie ins Konzentrationslager Straßhof bei Wien deportiert. Dank der Rettungstätigkeit Rudolf Kasztners[75] waren einige vor dem Weitertransport nach Auschwitz verschont geblieben.

Bald schloß ich Freundschaft mit einem Rundfunktechniker, der mir bereitwillig Kenntnisse bezüglich Elektrizität und Elektronik beibrachte. Ich begeisterte mich für meinen neuen Beruf. Nachdem ich löten gelernt hatte und auch die Bauteile wie Widerstände, Kabel und die verschiedenen Röhren kannte, bastelte ich einen simplen Radioempfänger mit einem Kristall, der mit Mühe einen einzigen Sender empfangen konnte. Als ich mit meiner Berufsausbildung weiter fortgeschritten war, baute ich ein echtes Rundfunkgerät mit ziemlich empfangsstarken Röhren. Diesen Apparat (ohne Gehäuse) stellte ich auf den Nachtschrank neben mein Bett, den Lautsprecher hängte ich an die Wand.

Unterdessen waren neue junge Leute in die Hachschara gekommen, darunter auch Mädchen. Die Mädchen baten mich, auch in ihrem Schlafsaal einen Lautsprecher anzubringen, weil sie ebenfalls Musik hören wollten. Diesen Lautsprecher frisierte ich später so, daß er sich durch Umstöpseln in ein Mikrofon verwandeln ließ. Auf diese Weise konnten meine Kameraden und ich den intimen Gesprächen der Mädchen lauschen. Das brachte mich auf die Idee, auch dem Rundfunkgerät ein Mikrofon anzuschließen und es im Nebenzimmer zu verstecken.

---

[75] Rezsö (Rudolf) Kasztner (1906-1957), Journalist, Jurist, Zionist. Politiker aus Cluj/Rumänien, verhandelte 1944 mit der SS und mit Eichmann über die Freilassung von Juden gegen große Summen und Lastwagen, woraufhin Ende Juni 1944 1684 Personen zunächst nach Bergen-Belsen verbracht wurden und von dort später 318 in die Schweiz. Kasztner klagte in den fünfziger Jahren in Israel gegen Malkiel Grünwald, wurde dann selbst der Kollaboration beschuldigt, jedoch freigesprochen und 1957 auf offener Straße erschossen (vgl. E. Jäckel et al., Enzyklopädie des Holocaust. Band II, 1993, S. 741ff.; A. Barzel in: E.R. Wiehn u. M.H. Wiehn 1986/87).

## Die Radiosendung

Der örtliche jüdische Jugendleiter Schaul Friedländer (Zusus Schwager), sprach fließend Hebräisch und willigte ein, als Sprecher eines imaginären Radiosenders zu dienen. setzte sich in dieses Nebenzimmer, in dem ich das Mikrofon versteckt hatte, und verlas im Rundfunksprecherton Notizen aus einer hebräischen Zeitung. Prompt dachten alle, es handle sich um eine Sendung aus Israel.

Wir "sendeten" auch auf Jiddisch und übermittelten zu festen Zeiten am Abend Grüße "aus Israel" für die Diaspora. Tagtäglich kamen viele Menschen in unseren Raum, um den "Radiosendungen aus Israel" zu lauschen, vor allem an Tagen, an denen Grüße an die Verwandten in der Diaspora ausgestrahlt wurden. Wir erstellten eine Liste von Leuten aus Makó, die nach Israel ausgewandert waren, und sendeten in ihrem Namen Grüße an die in Makó verbliebenen Verwandten. Eines Tages erwähnten wir den Namen Tibi Jakobowics, worauf dessen Bruder vor Aufregung aus dem Fenster sprang (einen halben Stock hoch) und davonlief, um die frohe Botschaft zu verbreiten.

Schließlich berichtete sogar das jeden Freitag erscheinende Gemeindeblatt, daß man den israelischen Rundfunksender "Kol Israel" empfangen könne. Ein paar Leute brachten ihre Radioapparate mit und baten mich, sie ebenfalls auf Israel einzustellen. Nur mit Mühe gelang es mir, sie durch allerlei komplizierte technische Erklärungen abzuwimmeln und ihnen beizubringen, daß das bei ihren Geräten nicht möglich sei. An Purim beschloß Schaul, die Wahrheit preiszugeben. "Ihr seid Dummköpfe", sagte er, "das waren gar keine Sendungen aus Israel!" Die Leute wollten es einfach nicht glauben und meinten nur: "Was die in Israel für tolle Purimspäße auf Lager haben!"

## Rückkehr nach Budapest

Wieder zog ich nach Budapest, diesmal ohne Orientierungsprobleme. Ich schloß mich der Hachschara in der Kinizsy-Straße im Stadtzentrum an. In Budapest lagen die Gebäude um einen Innenhof, jedes Haus mit einem eigenen Pförtner, der zumeist neben der Eingangstür wohnte. Unsere Pförtnerin war eine hübsche Frau, deren 16-jährige Tochter ihr an Schönheit nicht nachstand. Wenn wir abends nach 10 Uhr zurückkamen, mußten wir an der Tür klingeln, dann kam die Pförtnerin, um uns aufzuschließen, und erhielt ein Trinkgeld dafür. Wir kehrten absichtlich zu später Stunde zurück, um den Anblick der Pförtnerin in ihrem durchsichtigen Nachthemd zu genießen.

*Die Feier am 29. November 1947*

Den 29. November 1947 werde ich gewiß nie vergessen. Stunde für Stunde wuchs die gespannte Erwartung auf den Ausgang der UN-Abstimmung über den Teilungsplan in Palästina. Fast alle Mitglieder der verschiedenen zionistischen Organisationen hatten sich zusammengefunden, um der Rundfunkübertragung zu lauschen. Als das Ergebnis feststand, sprangen wir auf und sangen die israelische Nationalhymne "Hatikwa". Danach zogen wir mit Fahnen ins Stadtzentrum und tanzten allesamt "Hora". Als wir durch Budapests Hauptstraßen marschierten, hielt die Polizei uns den Weg frei. Die Budapester Juden schlossen sich uns an und zeigten ebenfalls ihre Freude. Nie zuvor war jüdischer Stolz derart zum Ausbruch gekommen wie an jenem Tag. Nur drei Jahre zuvor waren in eben diesen Straßen zahllose Juden verfolgt und ermordet worden. Wer hätte sich damals diesen Tag träumen lassen? Die Juden verglichen die Lage mit der Ankunft des Messias! An der Spitze des Zugs marschierten die Fahnenträger (darunter auch ich) bis zum Gebäude der Musikakademie. Im Saal hatte man eine Sonderveranstaltung geplant, an der sich die jüdische Gemeinde beteiligte. Wichtige Leute hielten stundenlang Ansprachen in Ungarisch, manche auch in Hebräisch.

## Chaim Gouri

In den Bergwäldern von Csilebérc oberhalb Budas, wurden unter der Führung des Abgesandten aus Israel, Chaim Gouri, Wehrübungen abgehalten, an denen Pioniere aller zionistischen Gruppierungen teilnahmen. Gouris Hilfsführer war Cigány Eisenberg. Wir begannen mit Nahkampftraining. Gouri händigte uns Stöcke aus. Wir nahmen im Kreis Aufstellung. Sobald er "Laufschritt im Kreis" befahl, rannten wir in der Runde, während Gouri mit Blitzgeschwindigkeit seinen Stock wirbelte und den Erstbesten angriff. Wehe dem, der nicht in Abwehrstellung gegangen war. Ich fürchtete mich ständig vor dem unerwarteten Schlag, der mir die Finger zerschmettern könnte.

Das Nahkampftraining verlief so: Kopfschlag, Kinnschlag, Schlag rechts, Schlag links und Beinschlag. (Möglicherweise stimmt die Reihenfolge der Befehle nicht ganz, schließlich hat sich all das vor über 50 Jahren abgespielt.) Da ich mich noch nicht ganz von dem Lageraufenthalt erholt hatte, konnte ich nicht alle Übungsphasen mitmachen. Ich konnte nicht über eine Reihe Fässer rollen und hatte auch Mühe, mit einem schweren Sack auf dem Rücken über eine hohe Holzlatte zu balancieren und dabei noch im Gehen einen Medizinball von fünf Kilogramm Gewicht mal von rechts, mal von links aufzufangen, ohne das Gleichgewicht zu verlieren.

Die Kameraden auf dem Übungsplatz sprachen nur Ungarisch, und meist diente ich Gouri als Dolmetscher. Gouri war Vegetarier. Zum Essen machte er sich eine Schüssel Salat. Er schnitt das Gemüse klein, würzte, träufelte Olivenöl darüber und mischte alles mit seinen Fingern durch. Ich verging schier vor Wonne, als ich seinen Salat kostete.

Nach Abschluß des Trainings sollte ich mich bei der Leitung der Bewegung melden. Man fragte mich, ob ich Tschechisch verstünde, was ich bejahte. Die nächste Frage lautete, ob ich bereit sei, an Militärübungen in der Tschechoslowakei teilzunehmen. Ich bejahte erneut. Daraufhin versprach man mir, mich nach Abschluß der Übungen nach Israel zu schicken.

Um einen Reisepaß beantragen zu können, mußte ich ein paar Papiere beibringen. Dazu fuhr ich nach Nyírbátor, zumal ich mich auch von meinem Vater verabschieden wollte. Nyírbátor befand sich im Wahlkampf vor den Landeswahlen. Als ich ankam, wurde auf dem Hauptplatz des Städtchens gerade eine große Bühne für die Auftritte der verschiedenen Parteivertreter errichtet. (Es waren die letzten freien Wahlen vor dem Machtantritt der Kommunisten.) Ich trat näher und bemerkte eine mir bekannte Gestalt. Der Mann musterte die Bühne, auf der er bald die Hauptansprache halten sollte. An der blanken Glatze erkannte ich in ihm sofort den berüchtigten Rákosi Mátyás. Ich ging zu ihm und fragte ihn: "Was halten Sie von der zionistischen Bewegung?" Er lief rot an und erwiderte zornig: „Die Zionisten sind Faschisten!“ Ich bemerkte: "Sie sind doch Jude, nicht wahr? Ich meine, Sie hätten vorher Roth geheißen?! Habe ich Recht?" Er wollte nicht antworten und ignorierte mich. Wer weiß, was mir passiert wäre, wenn ich ihn ein paar Monate später getroffen hätte.

## Der Dienst in der tschechischen Armee

Die Tschechoslowakei war dem jungen israelischen Staat während des Unabhängigkeitskriegs freundlich gesinnt, lieferte Waffen und stellte der israelischen Armee auch einige Trainingslager der tschechischen Streitkräfte zur Verfügung, in denen Piloten, Fallschirmjäger und Funker ausgebildet wurden.

Zu den Freiwilligen dort zählte auch ich. Im Juli 1948 gelangte ich von Budapest nach Prag. Der israelische Botschafter Ehud Überall (später Avriel) empfing die Freiwilligen im Botschaftsgebäude. Seine Frau Chana, die ebenfalls in der Botschaft arbeitete, kümmerte sich um alles Notwendige. Der Verbindungsmann zur tschechischen Armee hieß Michael (seinen Nachnamen habe ich nicht in Erinnerung). Ich wurde in das Militärlager der Stadt Chrudim geschickt, das Lager, in dem Jaroslav Hašek[76] seinen satirischen Roman "Die Abenteuer des braven Soldaten Schweijk" (1923/24) geschrieben hat.

In der Chrudimer Kaserne wurden wir wie regelrechte Rekruten aufgenommen. Jeder erhielt Uniform, Eßgeschirr und Wolldecke ausgehändigt. Danach traten wir in tschechischer Armeeuniform auf dem Appellplatz an, um feierlich jeder sein eigenes Gewehr mit Bajonett in Empfang zu nehmen. Unsere Vorgesetzten verloren nicht viel Zeit, sondern begannen sofort mit Instruktionen, Drill und Marschübungen mit Gewehr, wie sie im tschechischen Militär üblich waren.

Am Ende der Übungen mußten wir in unserer Stube antreten, wo unser Ausbilder uns das Bettenmachen vorführte - das gar nicht so einfach war. Die Strohmatratze mußten wir kastenförmig zurechtklopfen (die reinste Bildhauertätigkeit). Über die Matratze wurde ein Laken gespannt. Darauf kam ein weiteres Laken und dann die Decke. Die Ränder des Überlakens falteten wir zu einem weißen Rahmen um die Decke. Neben dem Bett stand ein Nachtschrank, der wie eine zweistöckige Kiste ohne Türen aussah. Darin verstauten wir Kleidung, Eßgeschirr und Schuhe, alles strikt nach Regel. In die Schuhsohlen waren reihenweise Nägel mit Köpfen eingelassen, die wir jeden Abend polieren mußten. Dann stellten wir die Schuhe mit den Nägeln nach vorn in den Spind, so daß der Spieß von weitem sehen konnte, ob sie gebührend funkelten. Oft stattete der diensthabende Offizier Überraschungsbesuche ab und prüfte, ob Decke und Spind appellfähig waren. Häufig fuhr er auch mit seiner weiß behandschuhten Hand über den Fußboden. Wurde der Handschuh schmutzig, warf er uns aus den Betten und befahl, den Boden zu schrubben.

Im Lager wurden wir viel gedrillt. Am schlimmsten war es, wenn es mitten in der Nacht Feueralarm gab. Sofort wurde der Notstand ausgerufen. Wir warfen alle Sachen, Betten und Spinde aus dem Fenster, knoteten einige Bettlaken aneinander, befestigten sie am Fensterkreuz und rutschten daran aus dem dritten Stock nach unten. Dort stellten mein Bettnachbar und ich unsere Betten aufeinander, türmten all unsere Sachen darauf und marschierten mit dem Gan-

---

[76] 1883-1923, tschech. Schriftsteller.

zen ein paar Kilometer. Im weiteren Verlauf des Weges durchquerten wir einen Bach, dessen Wasser uns bis an die Brust reichte, und tauschten die nasse Kleidung gegen trockene. Kurze Zeit später erhielten wir Mitteilung, daß das Feuer im Lager gelöscht sei. Alle Mann zurück! Wieder durchquerten wir den Bach und wieder zogen wir uns um. Ins Lager zurückgekehrt, hängten wir die nassen Klamotten zum Trocknen auf. Doch die nächtlichen Eskapaden änderten nichts an der Weckzeit. Wir mußten genau so früh aufstehen wie sonst. Nach dem Frühstück leerte sich die Kaserne allmorgendlich bis zum letzten Mann. Wir marschierten singend - gemeinsam mit den tschechischen Soldaten - zum Übungsgelände. Das schwere Eisentor des Lagers wurde abgeschlossen und mit einem großen Schild versehen, auf dem stand: "Der Bardak (Bordell) ist geschlossen." Die Übungen dauerten gewöhnlich bis abends. Die Feldküche, die draußen eingerichtet wurde, versorgte uns mit einer warmen Mahlzeit.

Der Zugführer gab mir ein Maschinengewehr an Stelle des Sturmgewehrs - weil ich breite Schultern hatte. Meine "Nummer zwei", der Munitionsträger, schleppte die Patronengurte in einer Kiste. Wenn Feuerbefehl erging, fiel ich flach auf den Bauch, öffnete den dreieckigen Gurtschieberhebel des MG und der Kamerad legte den Patronengurt ein. Ich schoß Salven, bis der Befehl zur Feuereinstellung kam. Da ich noch keinerlei Erfahrung im Waffengebrauch hatte, passierte es mir in den Feuerpausen, daß ich hastig an das glühende Kühlgehäuse des MG faßte (statt an den dafür bestimmten Riemen) und mir dabei die Hand verbrannte. Einmal lag ich auf dem Bauch, die Fersen hochgestellt, und spürte plötzlich einen Tritt an die eine Ferse, wobei der Ausbilder bemerkte: "Wenn Sie so an der Front in Palästina liegen, kommt Abdallah und schießt ihnen prompt in die Füße!" (Solche Bemerkungen bekamen wir öfter zu hören.) Nach Ende der Übungen marschierten wir singend ins Lager zurück. Wenn wir am Eingangstor ankamen, warteten die Mädchen schon auf ihre Freunde.

Wir durften nicht in Uniform in die Stadt gehen, weil die Tschechen unsere Anwesenheit geheim halten wollten. Bei einem Wochenendurlaub fuhr ich mit einigen Kameraden zum Ausgehen in die Stadt Pardubice. Dort suchten wir ein Tanzlokal auf, in dem eine reine Damenkapelle spielte. Auf jedem Tisch lag eine Liste mit damals populären Schlagern. Die Gäste konnten ihren Wunsch ankreuzen und der Kellner überbrachte die Bitte zusammen mit einem Trinkgeld im Umschlag der Kapelle. Ohne Witz kein Spaß: Wir beschlossen, in rund zehn Sprachen "Ich liebe dich" zu schreiben. Als der Zettel den Musikerinnen überbracht wurde, ließen sie ihn beim Spielen von Hand zu Hand gehen, in dem Versuch, das Geschriebene zu entziffern. An jenem Abend gingen wir mit den Musikerinnen aus.

Aufgrund dieses Vergnügens holte ich mir den Tripper. Ich meldete mich krank. Der Arzt schickte mich in ein spezielles Lazarett für Geschlechtskrankheiten. Da Penicillin noch nicht zur Verfügung stand, war die Behandlung äußerst schmerzhaft. Zum Glück traf einige Tage vor meiner geplanten Entlassung aus dem Krankenhaus doch noch Penicillin ein. Unterdessen hatte ich an eine Freundin namens Esther geschrieben, die auf Hachschara in Bratislava war. Sie hatte gesehen, daß der Brief aus dem Krankenhaus kam, und daraufhin den Beschluß gefaßt, mich zu besuchen. Als der Krankenpfleger mich rief und mir sagte, ich hätte Damenbesuch, wußte ich nicht, wie ich ihr den Grund meiner Einlieferung erklären sollte. Ich fragte den Pfleger, was zu machen sei. Er beruhigte mich mit den Worten, ich sei nicht der erste Fall; daher hätten sie Tricks auf Lager. Er brachte mir eine Gipsbinde und Krücken und umwickelte mein Bein, so daß es aussah, als hätte ich es gebrochen. Esther war so beeindruckt, daß sie ihren Namen auf den Gipsverband schrieb. Zurück im Lager, erwartete mich eine Überraschung. Die Kameraden von meiner Einheit empfingen mich mit einer Wasserdusche und nahmen mich in den Männerklub auf. Wie sich herausstellte, war ich nicht der Einzige gewesen.

Eines Tages erhielten wir die Mitteilung, es käme bald ein israelischer General auf Besuch. Ich war sehr aufgeregt über die Aussicht, zum erstenmal einen israelischen General zu Gesicht zu bekommen, und neugierig, in welcher Uniform er wohl eintreffen würde. Auf dem Appellplatz traten wir zum üblichen Empfang mit militärischen Ehren an: Salutieren mit Gewehr. Als der Gast im kurzärmeligen weißen Hemd erschien - ohne Uniform - war ich ein bißchen enttäuscht. Zuerst dachte ich, es sei Ben Gurion, denn er hatte ähnliches Haar. Doch es war Israel Galili. Er nahm den Appell ab und fragte dann: "Wer von euch spricht Hebräisch?" Abgesehen von den israelischen Abgesandten war ich der einzige, der Hebräisch konnte. Galili fragte uns, ob wir Beschwerden hätten. Wir antworteten im Chor: "Wir werden von morgens bis abends gedrillt und manchmal auch noch nachts!" Darauf antwortete er, das sei nicht schlimm, der Staat Israel brauche disziplinierte Soldaten. Zum Abschluß seines Besuchs teilte er uns Palmach[77]-Abzeichen aus.

---

[77] Abkürzung für "Stoßtruppen", linkssozialist. Eliteeinheit des jüdisches Selbstschutzes in Palästina seit 1941.

## Bratislava

Im Juni 1948, nach Beendigung des tschechischen Militärdienstes, fuhr ich in die Slowakei nach Bratislava, und übernachtete in der "Hachschara", Zochova ulica 3. Die Genossen waren zumeist tschechischer Abstammung und warteten wie ich auf die Alija.[78] Ich traf erneut meine Freundin Esther Kramer aus der ungarischen Stadt Paks, die mich im Militärlazarett besucht hatte. Wir freuten uns über das Wiedersehen, und ich muß gestehen, daß sie mir sehr gefiel, denn mit ihren blauen Augen und blonden Haaren war sie wirklich hübsch. Ich fand dort neue Freunde, den kleinen Schuli und den großen Schuli, und diese Freundschaft sollte auch in Israel noch lange weiterbestehen. Ich ging in der Stadt und an der Donau spazieren und besuchte das größte Mandela-Kaufhaus in der Slowakei. Es war das höchste Gebäude in Bratislava, und hoch droben stand in Riesenlettern der Name des jüdischen Besitzers: *Mandela*. Man erzählte mir, als die Nazis Mandela festnehmen wollten, sei er aufs Dach gestiegen und habe sich zwischen seinen Lettern in den Tod gestürzt. In der Nähe der Zochova-Straße befindet sich die Židovska ulica (Judengasse). In dieser Straße wurde eines Tages eine alte Jüdin angegriffen. Die slowakischen Antisemiten regten sich wieder. Doch die jungen Leute von den zionistischen Verbänden sahen nicht tatenlos zu. Sie schlugen zurück, bis die Polizei anrückte und den Zwischenfall beendete. Ich verfolgte das Geschehen am Fenster des Hachschara-Gebäudes. Neben mir saß ein israelischer Journalist mit seiner Schreibmaschine und verfaßte einen Bericht für sein Blatt in Israel.

## Prag

Von Bratislava ging ich wieder nach Prag. Dort erfuhr ich, daß ein Cousin namens Josef aus den Lagern zurückgekehrt war und in Liberec im Sudetenland wohnte. (Dieses Gebiet war den Deutschen am Ende des Zweiten Weltkriegs abgenommen und wieder der Tschechoslowakei angegliedert worden.) Die Juden sagten "Lieb-Erez"[79] statt Liberec. Ich fuhr also dorthin, um Josef zu treffen, der auch von meinem Überleben gehört hatte. Josef war der Sohn eines Bruders meiner seligen Mutter. Er und sein Bruder Schlomo hatten die Lager überlebt, die übrigen vier Familienangehörigen waren in der Schoáh umgekommen. Josef hatte bei der Zwangsarbeit in einer Fabrik seinen rechten

[78] "Aufstieg", Einwanderung nach Israel.

[79] "Erez" heißt Land.

Arm verloren. Seine Frau Schoschana war damals im neunten Monat schwanger. Schoschanas Familie, Eltern und Geschwister, hatten sich vor den Nazis retten können und lebten in der Nähe. Einige Monate später wanderten alle in Israel ein. Hier wurde Josef als Invalide anerkannt und erhielt Beihilfe zur Eröffnung eines Lebensmittelladens in Ramat Gan.

Von Liberec kehrte ich wieder nach Prag zurück, um auf den Auswanderungstermin zu warten. Bis es soweit war, brachte man mich im Hotel Regina unter. Bald nach meiner Ankunft luden mich Freunde ein, zum Freitagabend-Gottesdienst in die alte Synagoge, die "Altneuschul" mitzukommen. Dieser Synagogenbesuch war ein einzigartiges Erlebnis, nicht nur für mich, sondern auch für viele andere Juden aus aller Herren Länder, religiös oder nicht. Hinsichtlich des Namens gibt es zwei Lesarten. Die eine besagt, die Bezeichnung "altneu" beziehe sich auf die zwei Bauphasen, die erste im 13., die zweite im 14. Jahrhundert. Die andere lautet, es hieße (hebräisch) "al-tnai", "auf Bedingung" - d.h. bis zur Ankunft des Messias. Am Turm des jüdischen Rathauses daneben befindet sich eine Uhr, deren Ziffernblatt hebräische Buchstaben als Zahlen aufweist, und deren Zeiger linksherum gehen.

In meiner kurzen Prager Zeit erlebte ich viel. Ich erfuhr, daß Golda Meir[80] (damals noch Meyerson) Prag besuchen würde, als Zwischenstation auf ihrem Weg nach Moskau, wo sie ihr Amt als erste israelische Botschafterin in der Sowjetunion antreten sollte. Ich eilte zum Wenzelsplatz im Herzen Prags und sah Golda Meir in einer Staatskarosse mit israelischer Flagge auf dem Platz ankommen. Der kommunistische Parteisekretär der Tschechoslowakei, Klement Gottwald[81], bereitete ihr einen Empfang. Man kann nur sagen, es war ein sehr erregender Moment.

Etwa um dieselbe Zeit (1952) kehrte der legendäre Langstreckenläufer Emil Zátopek[82], genannt "die Lokomotive", mit seiner Goldmedaille von der Olympiade in London zurück. Am Wilson-Bahnhof erwartete ihn die begeisterte Menge. Die Lok des Zuges war mit Fahnen und Blumen geschmückt. Zátopek stieg in Sportkleidung aus und veranstaltete einen Ehrenlauf zum Wenzelsplatz, wo man ihm einen triumphalen Empfang bereitete.

In Prag gab es außergewöhnliche Nachtlokale. Eines hieß "Petit Pas", das andere "Luzerna". In beiden Lokalen stand auf jedem Tisch ein Telefon neben

---

[80] 1898 Kiew - 1978 Jerusalem, seit 1921 im damaligen Palästina, 1948/49 Botschafterin in Moskau, verschiedene Ministerposten, 1969-1974 Ministerpräsidentin

[81] 1896-1953, kommunist. Parteiführer, 1946 Ministerpräsident, führte 1948 den kommunist. Staatsstreich an.

[82] 1948 London 10.000 m , Helsinki 1952 u.a. Marathongewinner.

einer Tischlampe mit Nummer. Wollte man eine Frau zum Tanzen auffordern, wählte man ihre Telefonnummer. Gefiel ihr der Anrufer, willigte sie ein. Andernfalls versuchte man sein Glück bei einer anderen.

Ein paar Tage später berichtete der tschechoslowakische Rundfunk dramatisch, Staatspräsident Eduard Beneš sei gestorben.[83] Die Prager handelten spontan: Bald standen überall in der Stadt blumengeschmückte Beneš-Porträts und brennende Kerzen in den Schaufenstern. Das mißfiel den kommunistischen Führern, die auf der Stelle Gegenmaßnahmen ergriffen. Sicherheitsbeamte bezogen Posten überall auf den Straßen, die Dienstwaffe unter dem Mantel verborgen. Das Radio strahlte alle fünf Minuten Warnungen aus: "Präsident Edvard Beneš ist verstorben. Achtung! Achtung! Bewahren Sie Ruhe!"

Die Kommunisten in der Tschechoslowakei begannen, ihre Gegner zu beseitigen, und das nächste Opfer war der damalige Außenminister Jan Masaryk, den man kurzerhand aus einem hochgelegenen Fenster warf. Offiziell hieß es, der Außenminister habe Selbstmord begangen. Bei all dem, was damals geschah und noch bevorstand, war ich heilfroh, aus der Tschechoslowakei wegzukommen. Ehe ich Prag verließ, kaufte ich auf dem Flohmarkt ein zerlegtes Grammophon und Handwerkszeug. Ich wußte, daß ich nach meiner Ankunft in Israel auf eigene Faust durchkommen mußte, und die Geräte konnten mir da helfen, meine Brötchen zu verdienen.

Bei meinem ersten Besuch in Tel Aviv baute ich das Grammophon auf einem Holzbrett in der Schreinerei meiner Verwandten, den Prisants im Wolowelski-Zentrum, zusammen, und konnte es für zwei Israelpfund verkaufen, was seinerzeit viel Geld war.

## Die Alija

Am 15. September 1948 trat ich meinen Jungfernflug an – von Prag nach Venedig. Beim Start hatte ich Angst, aus dem Fenster zuschauen. Erst als wir die Reiseflughöhe erreicht hatten, wagte ich einen Blick und sah die herrlich weite Landschaft. Es war ein klarer Sommertag mit besonders guter Sicht, und ich genoß die prächtige Vogelperspektive. Die verschneiten Alpen kamen wir wie in der Luft hängende Wolken vor, und der Flug übers Meer verblüffte mich vollends. Zum ersten Mal im Leben sah ich das Meer. Den Begriff "Meer" kannte ich vom Unterricht im Cheder, von der Erschaffung der Welt und der

[83] 1884-1948, Staatspräsident 1935-1938 u. 1945-1948.

Überquerung des Schilfmeers. Als wir Venedig überflogen, erschien die Stadt mir wie ein Inselchen im großen Meer, und ich fragte mich, ob der Pilot wohl den Landeplatz in diesem kleinen Punkt finden würde. Beim Aufsetzen spürte ich einen harten Stoß, und mein erster Flug war zu meiner Überraschung heil überstanden.

Vom Flughafen fuhr ich durch die Stadt zum Hafen. Unterwegs bestaunte ich die malerischen Häuser und Kirchen. Bis dahin hatte ich Prag für die schönste Stadt der Welt gehalten, doch als ich Venedig sah, merkte ich, daß es andere Städte gab, die es an Schönheit mit Prag und Budapest aufnehmen konnten. Besonders faszinierten mich die Gebäude, die aus dem Meer zu wachsen schienen.

Im Hafen ankerte bereits die "Campidolia", das italienische Schiff, mit dem ich nach Israel fahren sollte. Am Kai drängte sich eine Gruppe Einwanderer, die auf dasselbe Schiff wollten. Die meisten sprachen Jiddisch, was mir die Kommunikation mit ihnen erleichterte. Nach langem Warten erschien ein Vertreter der Schiffsgesellschaft und erklärte uns, das Schiff werde erst in zwei Tagen auslaufen und bis dahin dürfe niemand an Bord gehen. Plötzlich fühlte ich mich wie mitten in der Wüste ausgesetzt. Ich kannte die Stadt nicht, konnte kein Italienisch und hatte keine Ahnung, wo ich mein Haupt niederlegen sollte. Doch ich bekam Hilfe von unerwarteter Seite. Unter den Einwanderern entdeckte ich eine bildhübsche junge Frau namens Miriam, eine aus Italien stammende Jüdin und gelernte Krankenschwester, die sich entschlossen hatte, nach Israel auszuwandern und dem jungen Staat als Militärkrankenschwester zu dienen. Sie sprach Deutsch und ich Jiddisch, so konnten wir uns verständigen. Als sie hörte, daß ich keine Unterkunft hatte, nahm sie mich mit zum Stadtbüro des "Joint", wo man uns bis zum Auslaufen des Schiffes ein Dach über dem Kopf besorgte.

An Bord hatten wir keinen einzigen langweiligen Tag. Fast immer war etwas los. Da Miriam Italienisch sprach, bat der Kapitän sie, als Verbindungsperson zu den Passagieren zu fungieren. Daher konnte sie mich über alle Geschehnisse auf dem laufenden halten. Die Einwanderer waren fast alle Holocaust-Überlebende, die direkt aus den Lagern gekommen waren. Außerdem befanden sich ein paar Abgesandte aus Israel an Bord sowie einige wichtige Leute (die sich jedenfalls als solche bezeichneten).

Eines Tages teilte Miriam mir vertraulich mit, die Sicherheitsbeamten des Schiffes hätten einen arabischen Spion entdeckt, der sich in unsere Reihen eingeschlichen habe und nun in einer Kabine inhaftiert sei. Diese Affäre wurde nicht publik gemacht. Erst als wir in Tel Aviv angekommen waren, nahmen

Sicherheitsbeamte ihn fest. Unterwegs traf die Nachricht ein, daß der UN-Beauftragte, Graf Folke Bernadotte, von Leuten der jüdischen Untergrundorganisation "Lechi"[84] in Jerusalem ermordet worden war.[85]

Die italienische Küche war mir fremd. Ich war ja an die jüdische Küche Osteuropas gewöhnt. Als der italienische Steward uns Kartoffelbrei mit schwarzen Oliven zum Mittagessen servierte, hielt ich sie fälschlich für Dörrpflaumen, denn ich hatte noch nie Oliven gesehen. Ich kannte das Wort "Olive" nur aus dem Thorastudium von dem religionsgesetzlichen Begriff "von der Größe einer Olive" als Bezeichnung der kleinsten Menge, über die man den entsprechenden Segen sprechen muß. Als der Steward die Oliven mit seiner Kelle austeilte, bat ich um Zuschlag, doch als ich dann die erste Olive probierte, schmeckte sie mir bitter, da ich Süßes erwartet hatte. Ich begrub die Oliven insgeheim in dem Püree und ließ das Essen stehen. Nach ein paar Tagen wurde ich seekrank, aber zum Glück habe ich alles gut überstanden.

Das Schiff lief in den zypriotischen Hafen Famagusta ein, um Obst und Gemüse zu laden, denn seinerzeit waren die Agrarerträge in Israel sehr dürftig. Außerdem strömten täglich viele Einwanderer ins Land, und man mußte Obst und Gemüse importieren, zumal auch die Hohen Feiertage[86] bevorstanden, für die mehr Lebensmittel als sonst gebraucht wurden.

In Zypern stationierte britische Soldaten kamen per Boot an unser Schiff und bezogen Stellung auf der Gangway, um zu verhindern, daß Einwanderer, die noch in britischen Internierungslagern auf Zypern saßen, sich an Bord schmuggelten. Die Anwesenheit britischer Soldaten lief nicht friedlich ab. Passagiere legten sich mit ihnen an, und es wäre beinah zum Handgemenge gekommen.

Am 23. September 1948 lief das Schiff vor dem Tel Aviver Hafen ein, mußte aber in einiger Entfernung vom Strand ankern, weil das Hafenbecken für Schiffe dieser Größe nicht tief genug war. Wir wurden mit Booten an Land gebracht und in eine große Lagerhalle geleitet, um die Formalitäten abzuwikkeln. Dort befand sich auch eine Einberufungsstelle der Streitkräfte. Im Raum liefen allerlei Kibbuzvertreter umher, welche die Ankömmlinge zum Eintritt in diesen oder jenen Kibbuz bewegen wollten. Als ich mit der Registrierung an

---

[84] Abkürzung für "Kämpfer für die Freiheit Israels", zionist.-militärische Untergrundorganisation, seit 1942 von Schamir geführt

[85] 1895-1948, Neffe König Gustav V., seit Mai 1948 UN-Vermittler, am 17.9.1948 erschossen.

[86] Hier ist Rosch Haschaná, das jüd. Neujahrsfest gemeint.

der Reihe war, sagte man mir, ich solle abseits warten, und schickte mich dann hin und her mit der Erklärung, die Neueinwanderer würden vorrangig abgefertigt. Wegen meiner Hebräischkenntnisse hatte man mich für einen zurückkehrenden israelischen Abgesandten gehalten.

Vom Tel Aviver Hafen fuhren wir per Bus die Ben-Jehuda-Straße entlang. Durch die Straßen Tel Avivs zu fahren und überall hebräische Buchstaben zu sehen, war für mich wahrlich die Erfüllung eines Traums!

Von Tel Aviv fuhren wir weiter nach Hadera, wo wir in einem ehemaligen britischen Militärlager am Ortseingang untergebracht wurden. Familien kamen in ein Einwandererheim nach Raanana.

Am nächsten Tag fuhr ich wieder nach Tel Aviv, um meinen Onkel Zwi, einen Bruder meiner Mutter, zu besuchen, mit dem wir schon früher in Briefverbindung gestanden hatten. Ich erinnere mich noch, wie meine selige Mutter seine Anschrift auf dem Umschlag in hebräischen Buchstaben geschrieben und nur das Wort "Palästina" in lateinischen Lettern hinzugefügt hatte. Unterwegs nach Tel Aviv erwartete ich angespannt meine erste Begegnung mit Zwi und seiner Familie. Vom Busbahnhof ging ich zu Fuß über den Platz der Moschawót Richtung Ha'Alija-Straße zur Emek-Jisrael-Straße, in der Zwis Restaurant lag. Die Begegnung mit Zwi und seiner Frau Chana rührte mich zu Tränen. Chana kochte wie daheim, und das Essen schmeckte, wie von meiner seligen Mutter zubereitet. Wir sprachen von dem großen Unglück, das unsere Familie ereilt hatte, und Chana erzählte mir viel über meine selige Mutter, die sie sehr geliebt hatte. Sie wollten wissen, wie ich die schreckliche Kriegszeit in den Lagern überstanden hatte. Gegen Abend gingen wir zu ihrer Wohnung in der Ha'Alija-Straße 51. Ihre Tochter Sara war sieben Jahre alt. Ich sprach das Hebräisch mit ihr, das ich in der Diaspora gelernt hatte: "Was wünschst du" und so. Plötzlich hörte ich die Kleine ihren Vater fragen: "Papa, wer ist denn dieser Dussel, der so komisches Hebräisch spricht?" Am nächsten Morgen half ich im Restaurant, machte Brause und lernte all die mir bisher unbekannten landesüblichen Getränke kennen. Zwi zahlte mir ein halbes Israelpfund für meine Hilfe im Lokal, und ich staunte, daß ich so viel Geld bekam.

Bald darauf lernte ich die übrigen Verwandten kennen, zuerst bei den Familien Prisant, Zwis Stiefbrüdern. Jakob Schmil Prisants Tochter Ariela hatte in den Reihen der "Lechi" gekämpft und war bei einer Aktion gegen die Briten gefallen. Zur Erinnerung an sie erhielt die Tel Aviver Stadtbibliothek den Namen Ariela-Haus. Die Prisants, vier Brüder und eine Schwester, waren in den dreißiger Jahren zusammen mit Zwi aus Majdan eingewandert und hatten sich im Viertel Florentin, im Süden Tel Avivs, niedergelassen, wo viele Leute aus

Karpatorußland wohnten. Außerdem lebten dort Einwanderer aus Saloniki[87], die als fleißig bekannt waren und vornehmlich als Lastträger und Transportunternehmer arbeiteten. Die Gebrüder Prisant führten anfangs eine kleine Schreinerei im Tel Aviver Wolowelski-Zentrum. Mit der Zeit expandierte die Schreinerei zu einer Fabrik für Jugendmöbel namens "Prima", die sich landesweit einen guten Ruf verschaffte.

Von unserer Familie traf ich dort einen Cousin, Josefs Bruder Schlomo, den ich in Liberec besucht hatte. Er war ein Jahr vor mir eingewandert und hatte eine kleine Wohnung im Florentin-Viertel gefunden, neben Zwis Lokal und nahe der Synagoge, in der Rabbi Fraenkel amtierte, der Rabbi des Viertels. Wegen der Tuberkulose, die Schlomo sich in den Lagern zugezogen hatte, war er vom Wehrdienst befreit worden. Als wir uns trafen, hatte er die Krankheit bereits überstanden und arbeitete in einer Diamantenschleiferei. Er lud mich ein, bei ihm zu wohnen. Später zog auch Zwi Weinberger zu uns, Schlomos Cousin mütterlicherseits. Zwi Weinberger war an Bord der "Altalena"[88] ins Land gekommen und hatte in der Marine gedient.

Als ich nach Hadera zurückkehrte, fand ich Miriam leider nicht mehr im Einwandererlager vor. Sie hatte mir meine Wäsche gewaschen und aufs Bett gelegt, versehen mit einem Zettel, der besagte, daß man sie eingezogen und zum Dienst in ein Militärlazarett gebracht habe. Seither habe ich sie nicht wieder getroffen.

Ich zog nach Tel Aviv und verdiente mir mein Geld mit der Reparatur von Elektrosachen in meiner Wohngegend. Als ich eines Tages am Platz der Moschawot vorbeikam, wurde ich von der Militärpolizei festgenommen und in ein Rekrutierungslager in Tel Litwinski (heute Tel Haschomér) verbracht. Ich erklärte ihnen, ich habe mich keineswegs vor dem Wehrdienst gedrückt, sondern sei nur deshalb nicht eingerückt, weil ich keinen Einberufungsbefehl bekommen habe, obwohl ich im Hafen registriert worden sei. Sie glaubten mir, und ich wurde auf der Stelle Soldat.

---

[87] Vgl. Erhard Roy Wiehn, Juden in Thessaloniki. Konstanz 2001.

[88] Pseudonym für Vladimir Jabotinsky (1880-1949), Schriftsteller u. zionist. Führer aus Rußland, 1925 Gründer der zionist.-revisionist. Partei u. der Jugendorganisation "Brit Trumpeldor", abgek. "Betar". - Name eines Schiffes, das Waffen nach Israel bringen sollte, was durch die Regierung verboten wurde, um ihr Gewaltmonopol durchzusetzen und im Juni 1948 zu seiner Versenkung führte.

Im Rekrutierungslager Tel Litwinski händigte man mir kurze Khakihosen aus und gab mir 90 Groschen, um mir im Textilgeschäft "Ata" in der Ha'Alija-Straße in Tel Aviv ein Khakihemd zu kaufen. Das war meine Uniform. Für die Übungen erhielt jeder einen Overall und ein Holzgewehr. Richtige Gewehre gab es nur für die kämpfende Truppe. Für Drill und Übungen taten es die Holzflinten. Abends schlenderte ich durch das Zentrum des Stützpunkts und traf dabei alte Bekannte aus Ungarn, der Tschechoslowakei und den Konzentrationslagern sowie auch Soldatinnen, darunter Mädchen aus Ungarn, bei denen es mit dem Hebräischen noch haperte und die daher erfreut waren, jemanden zu treffen, der Ungarisch sprach.

Ich konnte mich nur schwer an die Hitze gewöhnen, die damals herrschte, zumal ich ohne Rücksicht auf die Temperaturen den Overall aus schwerem, derbem Drillich anziehen mußte. Ich marschierte Kilometer fast ohne Wasser. Man durfte nur eine einzige Feldflasche mitnehmen, weil die Vorgesetzten allen "Wasserdisziplin" auferlegten, mit der Begründung, wenn wir in der Wüste wären, müßten wir auch ohne Wasser auskommen. Ich wurde fast ohnmächtig vor Durst. Während des Marsches durch die Zitrusplantagen um Tel Litwinski entdeckte ich einen Wasserhahn des Bewässerungssystems. Ohne an mögliche Bestrafung zu denken, stürzte ich mich auf den Hahn, drehte ihn auf, daß das Wasser nur so sprudelte, und trank nach Herzenslust. Der ganze Trupp tat es mir freudig nach. Von dem starken Wasserstrom wurden wir naß bis auf die Haut, aber es war richtig angenehm. Wir nutzten unseren Plantagenaufenthalt dazu, ein paar Orangen zu pflücken und versteckten sie unterm Overall. Der Truppführer entdeckte, daß der ganze Trupp "plötzlich schwanger war", zeigte aber Nachsicht mit uns und bat nur, die Orangen nicht in der Plantage zu schälen, denn das täte man nicht. Ich hatte was dazugelernt.

Als ich eines Tages von den Übungen zurückkehrte, teilte man uns Gewehre aus und lud uns auf Lastwagen, zum Einsatz. Wir wußten nicht, warum wir mit Gewehren nach Jaffa fahren sollten. Wir hielten am Uhrenturm, vor dem Gefängnis (der heutigen Polizeistation), in dem die "Lechi"-Mitglieder saßen, die des Mordes an Graf Folke Bernadotte verdächtig waren. Man sagte uns, einige "Lechi"-Leute seien geflüchtet, und wir sollten sie schnappen. Wir legten die Gewehre in den Wagen zurück und erklärten, wir würden nicht auf Juden schießen. Notgedrungen fuhr man uns zum Stützpunkt zurück. Ein paar Tage später brachte man uns nach Hadera, damit wir der Militärpolizei bei der Festnahme von Leuten halfen, die sich im Gehölz versteckt hatten, um dem Wehrdienst zu entgehen.

Die Spuren des Konzentrationslagers waren noch nicht vergangen. Unter anderem litt ich an einer offenen, stark faulenden Wunde an der Wade, die von Vitaminmangel herrührte. Sie sah aus wie ein Loch im Fleisch, das bis auf den Knochen durchging und stank übel. Es fand sich kein wirksames Medikament dafür. Die Ärzte befanden, die Sache würde mit der Zeit von selbst abheilen und die einzige Behandlung war täglicher Verbandswechsel. Ich hatte noch Jahre damit zu schaffen. Ich erwähne diese schlimme Wunde, weil die israelische Armee den englischen Brauch übernommen hatte, die Hosenbeine in die Stiefel zu stecken und Wickelgamaschen anzulegen. Natürlich konnte ich mein Bein nicht wickeln, denn das hätte die Wadenschmerzen noch erheblich verschlimmert. Deshalb meldete ich mich für einen Arztbesuch an, um die Befreiung von dieser Pflicht zu erhalten, und bekam sie auch. Zum Zelt zurückgekehrt, fand ich den Ort leer vor. Alle meine Kameraden waren an die Front verlegt worden.

Von Tel Litwinski wurde ich zu einer Funkereinheit auf den Stützpunkt Sarona (dem heutigen Tel Aviver Regierungsviertel) geschickt. Wieder mußte ich mich an ein neues Lager, ein neues Leben und neue Kameraden gewöhnen.

Das morgendliche Wecken war von lärmender Musik aus den über das Lager verstreuten Lautsprechern begleitet, die immer den "Bolero" von Ravel spielten. Offenbar besaß der Stützpunkt keine andere Schallplatte. Nach Morgengymnastik, Fahnenappell und Frühstück bestiegen wir einen Bus, der mitsamt dem Fahrer von der Buskooperative "Egged" fürs Militär eingezogen worden war. Sein Name ist mir entfallen, aber es war ein freundlicher Jemenite mit "Egged"-Mütze, der besser Jiddisch sprach als die Galizier und jeden von uns mit Namen kannte. Tagtäglich fuhr er uns zu den Stützpunkten "Netz" und "Diamant" und zurück. Als der Bus der Kooperative zurückgegeben wurde, fuhren wir per Lastwagen.

Die Funkertruppe besaß zwei Werkstätten: Die eine, in Pardes Katz gelegen, hieß "Reschet" (Netz), weil dort einmal eine Fabrik für Drahtnetze gewesen war. Die zweite, "Jahalom" (Diamant), befand sich in einer ehemaligen Diamantenschleiferei gegenüber vom Krankenhaus "Geha". Heute führt dort die Schnellstraße Geha vorbei. Die Werkstatt "Netz" wurde von Jeschajahu Lavi, genannt "Ischi", die Werkstatt "Diamant" von Naftali Ras, genannt "Nafta", geleitet. Als ich bei Nafta antrat und er mich nach meiner Vergangenheit und meinen Berufskenntnissen fragte, sagte ich in meiner Naivität, ich habe Werkzeuge mitgebracht. Er lachte und sagte, die könnte ich wieder mitnehmen. Ich wurde der Werkstatt "Netz" zugeteilt, in der es mehrere Abteilungen gab. Die Elektro- und Generatorenabteilung wurde von Schlomo Bornstein geleitet, zusammen mit Mosche Perlmann, genannt "Partisan", und Chaimke Zimmermann. Die Abteilung für die Reparatur der Funkgeräte der Typen 19 und 20 und des Walkie-Talkie 536 unterstand Zeew Ben Jaakow, und die Schreinerei wurde von Jóske geleitet.

Ich kam zur Senderabteilung, in der die Funkgeräte der Typen 348 und BC 610 repariert wurden. Dort arbeiteten die Techniker Joe aus Südafrika, Gideon Sartana, Ehud Rubinstein und ein ehemaliger "Etzel"[89]-Mann namens Zwi sowie der Ingenieur Berkowitz. Über jeden dieser Typen in der Abteilung könnte man Bände erzählen. Joe, der Freiwillige aus Südafrika, bekam den Spitznamen "Crazy Joe". Er hörte ständig nur englische Radiomusik, die uns fremd war, während wir lieber israelische Musik hören wollten. Joe beharrte auf seinem Geschmack und war zu keinem Kompromiß bereit. Wir kletterten aufs Dach, um die Antenne zu kappen, er schloß sie wieder an – ein ewiges Tauziehen. Ehud Rubinstein war ein baumlanger Kerl von 1 m 90 mit einem buschigen Schnurrbart, wie ihn die Drusen tragen. Wenn wir im Begriff waren, auf den Lastwagen zu klettern – ich war damals mager und leicht – packte Ehud mich am Hemd, hob mich hoch und bugsierte mich wie ein Huhn auf den Laster. Fuhr er nach Tel Aviv, um seinen Vater zu besuchen, kam ich gern mit. Sein Vater, Direktor der Hauptfiliale der Bank Leumi in der Allenby-Straße, trug eine Brille mit dickem schwarzem Rand und saß an seinem Tisch, auf dem eine runde Nickelglocke stand. Mir gefiel besonders, wenn er auf die Glocke schlug und umgehend ein Bote eintrat, dem er ein bestimmtes Schriftstück zur Weiterleitung an einen Beamten übergab. Wenn Ehud mir bedeutete, daß es Zeit zum Gehen wurde, wollte ich immer noch ein paar Minuten bleiben, bis Herr Rubinstein erneut die Glocke schlagen würde. Ein ganz besonderer Typ war der Ingenieur Berkowitz, der aus Bulgarien stammte. Trotz seiner introvertierten Art arbeitete ich gern mit ihm, denn ich konnte viel von ihm lernen. Eines Tages erzählte Berkowitz mir, seine Frau solle in ein paar Tagen aus Zypern zurückkehren, wo sie in einem britischen Internierungslager inhaftiert gewesen war. Er scheute sich, bei seinen Vorgesetzten um Urlaub zu bitten, damit er seine Frau am Haifaer Hafen abholen könnte. Ich schlug ihm vor, Ischi anzugehen, der würde ihm den Urlaub gewiß bewilligen, was er auch tat. Danach fragte mich Berkowitz: "Sag mal, hast du ein interessantes Buch, das du mir leihen könntest?" - "Wozu brauchst du ein Buch, wenn deine Frau nach langer Zeit zurückkehrt?" fragte ich zurück. "Ich fürchte, es wird mir langweilig werden", lautete die überraschende Antwort.

---

[89] Abkürzung für Jüdische miltärische Untergrundorganisation (Hagana Bet) seit 1936.

Der Kraftfahrzeug-Feldwebel, ein "Jecke" (deutscher Jude), hieß Baschitz. Wir nannten ihn "Baschwitz". Er war verantwortlich für Kraftfahrzeuge aller Art, auch Beutegut. Man brachte uns erbeutete Panzerwagen von der ägyptischen Front, die von Antitank-Granaten getroffen worden waren. An ihren Seitenwänden klebten noch verkohlte Leichenreste, die wir abkratzen mußten, ehe wir die Fahrzeuge mit Funkausrüstung bestücken konnten.

Ischis Wagen war Baschwitz' große Liebe. Es war ein britischer "Humber", aufgefunden in einem versteckten Lagerraum in Jaffa, dessen Besitzer fortgegangen waren. Man hatte den Wagen khakifarben lackiert und mit beeindrukkenden Funkantennen ausgerüstet. Baschwitz war, wie gesagt, für den Fahrzeugpark des Stützpunkts zuständig, mischte sich aber in alles ein, regte sich über jede noch so geringe Kleinigkeit auf, und alle machten sich über seinen "jeckischen" Akzent lustig. Die Leute lauerten auf einen Moment der Rache, und der kam am 1. April 1949. Der 1. April wurde damals weidlich begangen. Sogar die "Stimme Jerusalems" sendete an jenem Morgen alle möglichen Scherzmeldungen. So band man Baschwitz auf, Ischi sei mit seinem "Humber" auf der Kommandantur 8 in Tel Aviv liegengeblieben (heute steht dort das Hilton Hotel). An diesem Tag herrschte eine Bullenhitze von über 30 Grad. Als Baschwitz die Meldung erhielt, nahm er augenblicklich einen Panzerwagen – ein anderes Fahrzeug war gerade nicht verfügbar – und fuhr zur Kommandantur 8, um Ischi aus der vermeintlichen Klemme zu helfen. Sofort rief man dort an mit der Order, wenn Baschwitz mit dem Panzerwagen einträfe, solle man ihm sagen, der "Humber" sei zur Militärpolizeistation in Jaffa abgeschleppt worden. Baschwitz raste also weiter nach Jaffa, wo man ihm dann sagte, daß es sich um einen Aprilscherz handelte. Ischi erfuhr davon und nahm es gelassen, wartete gutmütig mit den übrigen Kameraden, bis Baschwitz nach seiner zweistündigen Tour wütend und schweißgebadet aus dem Panzerwagen stieg.

Fortan erhielt ich vielseitige Aufgaben. Vor dem Waffenstillstandstreffen zwischen den Vertretern Israels und Ägyptens in Rhodos am 24. Februar 1949 sollte ich ein Funkgerät Modell BC 610 versandfertig machen. Auf die Kiste klebte ich ein Stück Stoff mit der Aufschrift *Israel Delegation Hotel Rose Rhodos* in graphischer Schrift. Als das Gerät später zurückkam, war das Stück Stoff mit Stempeln auf Englisch und Griechisch und sogar einem Wachssiegel versehen. Ich zog es vorsichtig ab und hütete es wie meinen Augapfel, aber leider ist es mir gestohlen worden. Dieses Funkgerät machte weiter Geschichte, denn ich mußte es nun für den vorgesehenen Militärsender fertigmachen. Zuständig für die Einrichtung der Sendestation war Ischi selbst, aber ich wurde seinem Team zugeteilt. Der für die Sendeanstalt vorgesehene Ort war die

Ha'-Manchil-Schule in Ramat Gan. Eine Gruppe war mit der Errichtung eines Sendestudios beauftragt. Dorthin wurde eine Holzkiste mit einem Loch für das Grammophon gebracht. Die zweite Gruppe - der ich angehörte - installierte die Antenne. Die Röhren für die Antenne holten wir von dem Platz gegenüber dem Geha-Krankenhaus, auf dem noch Rüstungsteile von den Briten lagerten. Um die Röhren zusammenfügen zu können, mußten wir Flansche und Halterungen schweißen. Ich sagte Ischi, daß ich im Konzentrationslager Schweißen gelernt hatte und die Arbeit zweifellos ausführen könne. Das benötigte Handwerkszeug für die Schweißarbeit wurde zu Joskas Schlosserei in der Ha-Rakevet-Straße in Tel Aviv geschickt. Das war eine kleine Rüstungsfabrik, in der alle möglichen Bomben hergestellt wurden. Die Planer hatten den Standort der Antenne genau an der Ecke eines Kindergartens bestimmt, und dort begann ich ein Loch für den Antennensockel auszuheben. Als die Eigentümerin des Kindergartens, eine ältere Frau, merkte, daß wir in ihr Gebiet eingedrungen waren, widersetzte sie sich jeder weiteren Tätigkeit. Ischi stand daneben und befahl mir weiterzugraben, während die Frau schimpfte, ich solle aufhören, und so weiter. Schließlich konnte Ischi die Frau überreden, und das Fundament wurde fertig. Wir befestigten Stricke an der Antenne, um sie senkrecht aufzurichten. Doch wie es der Himmel wollte: Plötzlich tat die Frau einen Schrei. Wir sprangen zur Seite, und die Antenne stürzte um. Letzten Endes stand sie aber doch. Wir holten einen Rekorder vom Typ "Webcor", der auf einen Stahldraht aufnahm (Bandgeräte gab es noch nicht). Ischi nahm folgenden Wortlauf auf: "Herhören, herhören! Hier ist der Probesender 4x4 wawalef!" Danach wurde ein Stück der Nationalhymne "Hatikwa" gespielt. Diese Ansage wurde mehrmals täglich ausgestrahlt. Inzwischen ist der Soldatensender nach Jaffa umgezogen und hat sich zu einer angesehenen Rundfunkstation entwickelt.

Die nächste Aufgabe bestand darin, einen Sattelschlepper mit einem Verstärker für zwölf Mikrofone auszustatten. Den Laster hatten wir ebenfalls auf dem bewußten Lagerplatz gegenüber dem Geha-Krankenhaus gefunden. Die Briten hatten ihn mit Zucker im Tank zurückgelassen, um ihn fahruntüchtig zu machen. Aber wir reinigten den Tank und brachten den Sattelschlepper zum Stützpunkt "Reschet". Auf dem Dach des Wagens befand sich ein Aufbau, den ich abnehmen sollte, um dann den Verstärker anzubringen.

Bis 1955 habe ich weiter im Militär gedient. Als Oberst Jeshajahu Lavi erfuhr, dass ich den Militärdienst beenden will, rief er mich zu einem „Motivierungsgespräch". Ich erklärte Oberst Lavi, dass ich seit meiner Einwanderung ins Land, vor sieben Jahren, Militärdienst geleistet habe und daher das Zivilleben im Staat Israel noch gar nicht erfahren konnte. Während der Militärzeit heiratete ich und begründete meine Familie, aus der drei Kinder und sechs Enkelkinder hervorgingen.

Nach Beendigung der Dienstzeit beim Militär begann mein Berufsleben in der Elektro-Branche. In dieser arbeitete ich mich bis zum Chefeinkäufer einer Elektrofirma hinauf. Mit der gesammelten Erfahrung machte ich mich dann selbstständig.

Meine erste Dienstreise führte mich 1973 nach Hannover und ich betrat damit erstmals nach der Shoah (Holocaust) deutschen Boden. Ich hatte gemischte Gefühle, vor allem bei Begegnungen mit den älteren Deutschen. Meine Bedenken waren durchaus nicht unbegründet. Es geschah, als zwei sympathische junge deutsche Ingenieure mich zum Messestand der Firma Krupp führten, um mir eine bestimmte Neuheit zu zeigen.

Am Eingang zum Stand stellten sie mich dem Standleiter vor: Das ist Herr Graber aus Israel. Der Mann erklärte sofort: Mit Israel haben wir nichts zu tun. Ich korrigierte ihn umgehend: Sie meinen, mit Juden? Und fügte hinzu, ich hätte mit Nazis nichts zu tun. Die beiden jungen Ingenieure waren sichtlich betroffen von diesem Wortwechsel und verliessen mit mir demonstrativ den Messestand.

In Hannover war es zu dieser Zeit üblich, in Privatwohnungen zu übernachten. Das Amt für Tourismus kümmerte sich um Unterkünfte für die Gäste. Zufällig traf ich einen israelischen Bekannten, der jedes Jahr nach Hannover fuhr und mir vorschlug, mit ihm in der Wohnung von Heidi, einer Bekannten von ihm, zu übernachten. Er erzählte mir, sie könnte Hebräisch und würde am liebsten nur an Israelis Zimmer vermieten. Ich nahm den Vorschlag an und begab mich zu der Wohnung Heidis. Sie begrüßte mich freundlich und zeigte mir nach kurzer Unterhaltung das Zimmer. Für den Abend lud sie einige Israelis zum Essen ein und sang mit uns hebräische Lieder. Ich fragte mich nur: Woher kann sie Hebräisch? Als wir allein waren, erzählte sie mir: Als ich eines Tages zu Hause eine Schublade aufzog, fielen ein paar Fotos zu Boden. Ich bekam einen furchtbaren Schrecken, als ich meinen Vater in SS-Uniform erkannte. Ich fragte Mutter: Stimmt es, dass mein Vater, Dein Mann in einer SS-Einheit gedient hat? Sie bestätigte es mit Widerwillen. So habe ich meine Sachen gepackt und bin nach Israel gefahren, um Überlebenden der Shoah zu begegnen. In Israel habe ich Hebräisch gelernt, mich mit Israelis angefreundet und in einem Reisebüro gearbeitet. Bei einem meiner späteren Besuche erzählte sie mir, man habe bei ihr Brustkrebs festgestellt. Einen Monat danach schickte ihr Mann mir per Post eine Anzeige, in der er mir Heidis Tod mitteilte. Ich war voller Trauer um sie.

Durch die Kontakte zu ausländischen Firmen konnte ich meine Sprachkenntnisse verbessern, im Deutschen wie auch im Englischen. Von Israel flog ich meist direkt nach Basel und übernachtete im Hotel „Victoria“ am Bahnhof, wo ich siebzehn Jahre lang Stammgast war. Von hier aus konnte ich überaus bequem nach Deutschland und Frankreich reisen. Natürlich war es auch so ein Leichtes für mich, die Schweizer Firmen mit zu besuchen.

Gegenüber vom Hotel „Victoria“ befand sich ein grosses Geschäft für Unterhaltungselektronik, in dem ich gelegentlich etwas kaufte. Als ich am 25. Februar 1988 den Laden betrat, sprach mich unvermittelt eine charmante Frau in einem elegantem Kleid an und flüsterte mir diskret zu: „Herr Professor, ich muss Ihnen leider mitteilen, dass mein Mann vor sechs Monaten gestorben ist“. Ich war so verwirrt, dass ich nur antworten konnte, das tut mir leid, und ich merkte sofort, hier liegt ein Irrtum vor, den ich nicht sofort bereit war aufzulösen. Ich fragte Sie: „,… wann haben Sie Kaffeepause?“ Sie antwortete: „ … in fünf Minuten…“. Ich fragte Sie spontan: „ … können wir uns unten zu einem Kaffee treffen?“. Sie nickte zustimmend. Ich ging vom Geschäft geradewegs ins Café. Als sie lächelnd eintrat, bemerkte sie den Irrtum mit dem Professor. Ich fragte: Wären Sie trotz Ihres Irrtums bereit, einen Kaffee mit mir zu trinken? Ehe sie noch antworten konnte, stellte ich mich vor: Ich bin Shlomo Graber aus Israel. Auch sie stellte sich vor: Ich bin Myrtha. Wie sich herausstellte, hatte Myrthas Mann lange mit Krebs im Krankenhaus gelegen. Der Professor, der ihn einige Zeit behandelte, hatte manchmal versucht, Myrtha übers Wochenende einzuladen, was sie mit der Begründung ablehnte, solange ihr Mann lebe, werde sie nicht von seinem Bett weichen. Als er verstorben war, dachte sie im Stillen, jetzt würde ich den Professor gern wieder sehen. Anscheinend sah ich diesem Professor sehr ähnlich, und so war die Verwechslung entstanden, als ich den Laden betrat. Sie nahm beim gemeinsamen Kaffee meine Einladung zum Abendessen an. Daraus entwickelte sich über ein ganzes Jahr eine „Fernbeziehung“. Am 18. Februar 1989 zog ich dann endgültig bei Myrtha in Basel ein, und so leben wir schon an die zwanzig Jahre glücklich zusammen.

Eine Weile führte ich meine alten Geschäfte von Basel aus fort. Doch da ich nicht mehr in Israel wohnte, schliefen die Verbindungen zu den dortigen Firmen ein, zumal viele von ihnen verkauft wurden oder mit anderen fusionierten.
In Basel habe ich mein Buch *Schlajme* verfasst. Vor allem konnte ich mir meinen alten Traum erfüllen, mich hinzusetzen und zu malen. Ich wurde Kunstmaler. Zwischen den Ausstellungen halte ich Vorträge über die Shoah, überwiegend an Schulen in der Schweiz und in Deutschland.

**Anhang:**

Episoden vom 1948 bis 1989 die in der erste Auflage nicht erwähnt wurden sind:

## Der Militärstützpunkt Sarafand-Zrifin

Das Lager Sarafand, auf hebräisches Zrifin, wurde Ende der dreissiger Jahre als einer der grössten und wichtigsten britischen Militärstützpunkte in Palästina eingerichtet. Bevor die Briten am 16. Mai 1948 den Stützpunkt räumten, liessen sie durch das Osttor die Soldaten der jordanischen Arabischen Legion einrücken. Die Araber nahmen die Stellung auch sofort ein und begannen die nahe Stadt Rischon Lezion mit Feuer zu belegen. Kurz darauf konnten Soldaten der israelischen Armee den Stützpunkt erobern. Die Briten hatten ihn wie eine richtige Stadt angelegt, mit Einkaufszentrum, Kino, Café. In den Läden konnte man Kleidung und andere Bedarfsartikel kaufen.
An einem Winterabend Ende 1950 ging ich ins Kino, um mir den Film Eine Nacht in Casablanca mit den Marx Brothers anzusehen. Plötzlich wurde die Vorführung unterbrochen. Ich blieb ein paar Minuten sitzen, sah dann jedoch, dass der Film wohl kaum noch weiterlaufen würde, und verliess den Saal. Draussen war alles um mich herum blendend weiss. Im ersten Moment hielt ich es für eine Fata Morgana, aber als der Schnee weiter fiel, merkte ich, dass er echt war. Wie sich herausstellte, waren die Stromdrähte unter dem Gewicht des Schnees gerissen, und das hatte den Stromausfall bewirkt.
Als ich durch den feuchten Schnee in Richtung zu meinem Zimmer ging, bombardierten mich plötzlich ein paar Soldatinnen mit Schneebällen. Ich erwischte eine von ihnen, hob eine Handvoll Schnee auf und rieb ihr damit das Gesicht ab. Die Freude war unbeschreiblich. Am nächsten Morgen fand der

Appell auf dem verschneiten Platz statt, und von jenem Tag an bis heute hat es im Tel Aviver Raum nie mehr geschneit.
Der Stützpunkt Sarafand hatte drei Tore: das Jaffa-Tor zur Landstrasse Ramla-Tel Aviv, das Jerusalem-Tor, das ebenfalls zur Strasse nach Ramla führte, und das Osttor Richtung Rischon Lezion. Ich kam im Sommer 1950 nach Sarafand. Seinerzeit wurden Teile des Militärstützpunkts im Tel Aviver Regierungsviertel (dem ehemaligen Templerdorf Sarona) sowie Werkstätten aus Pardes Katz dorthin verlegt.
Die Werkstätten unter dem Namen B.M.B. (Bet Melacha Bassissí – Basis-Werkstatt) entstanden in der Nähe des Jaffa-Tors. Auf dem Stützpunkt begegnete ich erstmals ägyptischen Kriegsgefangenen, die bei Reinigungsarbeiten im Gelände eingesetzt waren. Verantwortlich für die Gefangenen war Feldwebel Gutmann, der einen buschigen Schnauzer im Stil der Drusen hatte und fliessend Arabisch sprach. Wenn er die Gefangenen anbrüllte, hörte man es im gesamten Lagerbereich.
Die Werkstätten kamen in alten britischen Gebäuden unter, die ihrer neuen Bestimmung angepasst wurden. Es gab dort Abteilungen für die Reparatur von Feldtelefonen, Funkgeräten und Generatoren, Lagerräume und so weiter, und eine Abteilung rüstete die so genannten Fernmeldewagen mit Funkgeräten aus. Zu den Technikern dort gehörte Feldwebel Schklartzik, der aus der Schweiz stammte. Er war ein introvertierter und etwas sonderbarer Typ. Obwohl er die Rekrutenzeit längst beendet hatte, erschien er immer noch in der Aufmachung eines Rekruten.
Bei der Übergabe eines solchen Fernmeldewagens an eine Einheit wurde eine letzte Prüfung vorgenommen. Das oblag Feldwebel Schklartzik, der die Geräte einschalten sollte. Als er den Schalter bediente, quoll plötzlich dichter Qualm aus der Batterie. Auf die Frage, wie das passiert sei, antwortete er gleichmütig: Ja, ich weiss. Zu seiner Rechtfertigung breitete er den Schaltplan aus und zeigte den Anwesenden: Hier, der Zeichner hat Plus und Minus verwechselt. Als man ihn fragte, warum er den Fehler denn nicht selbst korrigiert habe, erwiderte er: Das ist nicht meine Aufgabe, das ist Aufgabe des Zeichners. Wenn er den Fehler berichtigt und abzeichnet, werde ich ihn auch beheben. Stattdessen beschloss der Befehlshaber, ihn augenblicklich auf einen anderen Stützpunkt zu versetzen.
Zunächst wurde ich zum Stellvertreter des Abteilungsleiters für Herstellung und Reparatur, Hauptmann Zeev Ben Jaakov, ernannt. Dort arbeiteten Techniker, Soldaten, Zivilangestellte und auch Soldatinnen, die alle mit der Wartung und Reparatur von Funkgeräten beschäftigt waren. Einige Zeit später übernahm ich

eine Verwaltungsaufgabe im Ersatzteillager. Mein Vorgesetzter war Major Aaron Teich (Tal), der aus Österreich stammte.
Aaron war umfassend begabt und sprühte vor Ideen. Im Zweiten Weltkrieg hatte er in der britischen Armee gedient. Er war Elektroingenieur, gehörte eine Weile dem Mossad an und sprach fliessend Englisch, Deutsch und Hebräisch. Nach Beendigung seiner Dienstzeit in der israelischen Armee gründete er ein Unternehmen für hochwertige Bewässerungsanlagen, die er selbst entwickelte, immer unterstützt von seiner Frau Dalia. Mein Sohn Rami hat knapp zwei Jahre in seiner Firma gearbeitet.
Nachdem auf dem Stützpunkt jemand behauptet hatte, ich sähe Menachem Begin ähnlich, blieb der Spitzname Begin an mir kleben – bis zu meiner Entlassung aus der Armee. Die meisten auf dem Stützpunkt wussten gar nicht, wie ich wirklich hiess.
Als interne Telefonleitungen verlegt wurden, bekam ich die Nummer 18, aber im Sekretariat wurde die Nummer 81 vermerkt. Ein Zivilangestellter namens Motke bewachte die Sperre an der Zufahrt zum B.M.B. und den dazugehörigen Lagerhallen. Wenn Motke beim Sekretariat eine Passiergenehmigung einholen musste, wählte er 81 auf Jiddisch – eins un achzig – und so erreichte mich der Anruf natürlich immer.
Nahe dem Haupteingang zum B.M.B.-Gelände (Lager 380) stand das Verwaltungsgebäude des Stützpunkts. An der Rückseite mit Küche, Speisesaal und Kantine gab es einen Hof für Unterhaltungs- und Kulturveranstaltungen. Zunächst unterstand die Kantine einem ultraorthodoxen Jerusalemer Soldaten mit langen Schläfenlocken. Er bestand darauf, dass in der Kantine keine Verhütungsmittel verkauft werden durften, und organisierte abends Talmudstunden für die Soldaten des Stützpunkts. Später wurde mein Freund Joska Kantinenleiter. Er dachte sich allerlei Finten aus, um seine Arbeitsschicht vorzeitig zu beenden. Eines Abends hatte er Lust auszugehen und suchte einen Vorwand, um die Kantine früher als zur üblichen Schliessungszeit – 22 Uhr – zuzumachen. Dafür kam er auf eine grossartige Idee: Er schraubte die Birne heraus, isolierte den Kontakt mit einem Stückchen Papier und setzte sie wieder ein: Kein Verkauf im Finstern. Leider funktionierte sein Trick nicht, denn zu seinem Pech führte an jenem Abend Major Bornstein den Befehl, und ihm als Elektroingenieur konnte man so eine Geschichte schwer andrehen. Er entdeckte die Sache sofort und verdonnerte Joska zu zwanzig Tagen Arrest.
Als allein stehender Soldat ohne Familie durfte ich in den ehemaligen britischen Offiziersunterkünften wohnen. Die Möbel stammten aus dem Lager in Jaffa, in dem zurückgelassener Besitz geflüchteter Araber verwahrt wurde. Das lang

gestreckte, einstöckige Gebäude enthielt fünf Wohnzimmer mit einer gemeinsamen Veranda in voller Länge. Neben mir wohnte Hauptmann Dani Neu, der aus Jugoslawien stammte und mit mir meist Ungarisch sprach. Er war ein ausgezeichneter Sportler und die Mädchen auf dem Stützpunkt schwärmten für ihn. Anders hielt es eine Soldatin namens Dvora, die ihn dauernd in seinem Zimmer besuchte. Dani war nicht glücklich über ihre Besuche, aber sie kam trotzdem unbeirrt wieder und liess ihm keine Ruhe. Schliesslich wurde es Dani zu bunt, er hob sie einfach hoch und setzte sie raus auf die Veranda. Aber sie gab nicht auf und sagte zu mir: Kommt nicht in Frage, wann auf meiner Handfläche Haare wachsen, dann wird er eine andere heiraten. Schliesslich trug ihre Hartnäckigkeit Früchte. Sie heirateten und bekamen drei Kinder.

Am Schabat (Samstag) blieb ich meist auf meiner Stube und malte. Mädchen vom Stützpunkt besuchten mich und wollten von mir porträtiert werden, auch solche, denen es nichts ausmachte, mir mit entblösstem Oberkörper Modell zu sitzen.

An einem Schabat erschien bei mir eine Soldatin von einem anderen Stützpunkt. Sie hiess Josefine, war bildhübsch, stammte aus Rumänien und kam fortan jedes Wochenende. Der besagte Dani Neuhaus versuchte sie übrigens mit allen Mitteln für sich zu gewinnen, aber vergebens. Als Josefine auf einen anderen Stützpunkt bei Beer Sheva versetzt wurde, riss unsere Beziehung ab. Eines Tages wurde ich jedoch über Lautsprecher ans Tor gerufen und erkannte gleich, dass es Josefine war, die mich dort erwartete. Sie wollte unsere Beziehung wieder beleben. Ich erklärte ihr, es hätte keinen Sinn, sich weiter zu treffen, denn ich fand sie zu materialistisch für meine Weltanschauung. Ein paar Jahre später, als ich bereits Verkaufsvertreter einer israelischen Firma war und arglos die Tel Aviver Allenby-Strasse entlang ging, kam mir unversehens eine bildschöne und elegante Frau entgegengelaufen und umarmte mich. Im ersten Augenblick wusste ich nicht, wer sie war, doch dann erkannte ich Josefine und sie erzählte mir: Sie war mit einem reichen Mann aus Bat Yam verheiratet gewesen und hatte ihm mit Mühe eine Tochter geboren. Im Lauf der Zeit erfuhr sie jedoch, dass ihr Mann unlautere Geschäfte machte und viel Geld beim Kartenspiel verlor, und konnte sich mit Müh und Not scheiden lassen. Letzthin musste sie ihrem früheren Mann eine hohe Summe zahlen, um ihre Tochter von ihm auszulösen und nach England mitnehmen zu können. Im Weiteren erzählte sie mir, sie habe einen wohlhabenden Mann geheiratet, mit dem sie abwechselnd in London und in Südafrika lebe. Sie bat mich, sie im Hilton Hotel zu besuchen. Auf meine Frage, was mit ihrem Mann sei, antwortete sie, er werde erst einige

Tage später eintreffen. Ich verabschiedete mich mit einem Kuss von ihr und habe nie mehr etwas von ihr gehört.

## Die Entlassung aus der Armee

Als der Befehlshaber der Fernmeldetruppe, Oberst Lavi (Ishi) erfuhr, dass ich den Militärdienst beenden wollte, bestellte er mich zu einem Motivierungsgespräch. Ich erklärte Ishi, dass ich seit meiner Einwanderung im Land, vor sieben Jahren, Militärdienst geleistet und daher das Zivilleben im Staat Israel noch gar nicht ausprobiert hatte. Ishi beabsichtigte, mir den Rang eines Oberleutnants zu verleihen, ohne dass ich erst einen Offizierslehrgang absolvieren müsste, und wollte mich ausserdem dem Beschaffungsteam für elektronische Ausrüstung in den USA bei ordnen. All diese Vergünstigungen konnten mich jedoch nicht umstimmen. Meine Entscheidung, den Dienst zu quittieren, war endgültig.
Lavi (Ishi) hiess ursprünglich Lemberger, war 1926 in Deutschland geboren und 1933 in Palästina eingewandert. 1944 rückte er in die Kommandotruppe der Hagana, die Palmach, ein, und ein Jahr später schickte man ihn in einen Funkerlehrgang. 1946 trat er in die Fernmeldetruppe der Hagana ein. Im Unabhängigkeitskrieg 1948/49 kümmerte er sich in hervorragender Weise mit darum, die Fernmeldeausrüstung einsatzbereit zu halten. 1950 fuhr er, auf Anweisung Ben Gurions, in die Vereinigten Staaten, um dort Elektronik Ingenieur zu studieren. 1957 wurde er zum Leiter der Fernmeldetruppe ernannt. Er gründete den israelischen Militärsender. Als er 1972 den Befehl über die Fernmeldetruppe abgab, beendete er achtundzwanzig Jahre im Dienst der israelischen Streitkräfte. 1968 wurde er Leiter des Regierungsamts für Waffenentwicklung und Direktor des Verteidigungsministeriums. Im selben Jahr erhielt er den Israel-Preis. (Ich erwähne Ishi in meinen Erinnerungen, S. 124-127.)

### Elco – Israelische Elektromechanische Industrie Ltd., Ramat Gan

Kurz vor dem Tag meiner Entlassung aus den Streitkräften entdeckte ich eine Zeitungsannonce: Elco sucht einen Anwärter für die Position eines Chefeinkäufers. Bitte fügen Sie Lebenslauf und die üblichen Unterlagen bei. Ich schrieb darauf einen kurzen Brief: Mein Name ist... Für weitere Informationen wenden Sie sich bitte an den Chef der Fernmeldetruppe, Oberst Lavi. Ishis Empfehlung muss wohl gewirkt haben, denn zwei Tage später kam ein Bote von Elco und überreichte mir die Visitenkarte des Direktionsmitglieds Dr. Levi mit dem Vermerk: Kommen Sie bitte morgen früh um sieben Uhr in die Elco-Werke in Ramat Gan. Ich hatte keine Ahnung, was die Firma mir anbieten wollte, fand mich aber pünktlich dort ein. Als ich das Werksgebäude erreichte, stellte sich der Firmensekretär, Herr Weil, durch sein Bürofenster vor. Er hinkte, und das Duftwasser, mit dem er sich besprüht hatte, war von weitem zu riechen. Er schrieb meinen Namen in ein Anwesenheitsheft ein und erklärte mir, da ich zum Kader gehöre, müsse ich mich von nun an jeden Morgen bei Arbeitsantritt darin eintragen.

Das Vorstellungsgespräch fand im Direktionszimmer statt, in Anwesenheit von Generaldirektor Alexander Salkind, Dr. Levi und Herrn Josef Spielberger. Herr Spielberger war Chefingenieur und Juniorpartner der Firma. Als gesetzestreuer Jude und kulturbeflissener Mensch war er im Talmud bewandert und galt als einer der besten Elektroingenieure Israels und sogar über dessen Grenzen hinaus. In den dreissiger Jahren aus Ungarn eingewandert, gehörte er dem Ingenieursverband und dem Maccabi-Verein ehemaliger Ungarn an. Gelegentlich lud er mich in seine Villa Ecke Arlozoroff- und Lean-Strasse in Ramat Gan ein, nicht weit von Elco. Diese Besuche waren für mich ein besonderes Erlebnis. Der Generaldirektor, Herr Salkind, bestellte mich in seine Villa in Ramat Chen, um den Vertrag aufzusetzen. Seine Frau brachte uns etwas zu trinken. Am nächsten Tag trafen wir uns wieder im Werk. Er legte meinen Aufgabenbereich im Einzelnen fest und wies mir ein separates Büro zu. In kurzer Zeit arbeitete ich mich ein. Mein Einkäufer war ein erfahrener Elco-Mann, Herr Ben-Azai. Jeden Morgen übertrug ich ihm eine Einkaufsliste und verschiedene Erledigungen. Ben-Azai stand ein Kleinlaster für den Transport zur Verfügung. Mir oblag es, Lieferanten zu finden und mich um die Zahlungen zu kümmern.

Die meisten Direktoren bei Elco hatten einen Doktortitel: Dr. Levi, Dr. Padovano, Dr. Falko, Dr. Jarak. Der Generaldirektor, Herr Salkind, unterhielt sich mit mir meist gern auf jiddisch. Bei Terminen mit ihm bestellte er uns beiden Kaffee. Den brachte Herr Salvador, der alle Direktoren täglich mit Kaffee versorgte. Wenn Herr Salkind den Knopf der Sprechanlage drückte (deren Design übrigens von mir stammte) und mich fragte, was wir den Lieferanten schuldeten, antwortete ich zum Beispiel prompt: „Circa 80.000 Pfund“. Doch wenn er den Finanzverwalter der Firma, Dr. Padovano, fragte: „Wie sieht unsere Lage bei der Bank aus?“ antwortete der ihm: „Einen Moment, Herr Salkind“, was den Generaldirektor auf die Palme brachte.

Er trug mir auch Aufgaben auf, die nicht unbedingt in meinen Bereich fielen, zum Beispiel Kontakte zu Elektrizitätswerken, wo ich persönliche Verbindungen zu Ingenieuren und Einkäufern pflegte und dem Werk dadurch viele Vorteile verschaffte.

Eines Tages hörte ich über die Sprechanlage: „Herr Graber, kommen Sie bitte augenblicklich in mein Büro!“ Ich fragte mich: Lieber Gott! Was habe ich denn bloss angestellt, dass Herr Salkind mich so dringend ruft? Mit seinem typischen Lächeln erzählte er mir, Elco habe eine Bestellung über achtzig grosse Öltransformatoren für den Export nach Griechenland erhalten. Es blieben uns nur wenige Tage (es war Montag) für die Verladung der Transformatoren. Das heisst, wenn es uns nicht gelang, die Transformatoren bis Donnerstag ordnungsmässig verpackt (nach Spezifikation des Kunden) in den Hafen von Haifa zu schaffen, würde sich die Bezahlung um gut vier Wochen verzögern, denn das nächste Schiff lief erst in einem Monat aus.

„Herr Graber“, sagte er, „ich bin sicher, Sie sind fähig, diesen Auftrag zu erfüllen, das heisst dafür zu sorgen, dass die Transformatoren rechtzeitig im Hafen ankommen. Ich stellte mich der Aufgabe, Herr Salkind übergab mir einen offenen Scheck, und ich machte mich auf den Weg. Ich fuhr zu Fränkels Holzlager nach Jaffa. Die Latten machte er aus gebrauchten Kisten, die er überall auflas. Ich bat ihn, seine Arbeiter ins Büro zu rufen und fragte sie dann: Wärt ihr, wenn ich den Lohn für drei Tage verdoppele und grosszügigen Nachtzuschlag zahle, bereit, die achtzig Transformatoren fertig zu verpacken und auf Lastwagen zu verladen, so dass sie am Donnerstag pünktlich im Hafen von Haifa ankommen? Alle stimmten zu, und ich bestellte einen Kasten Bier für sie. Sie arbeiteten fleissig, und die Transformatoren erreichten rechtzeitig den Hafen von Haifa. Ich setzte die Schecksumme ein und übergab ihn Herr Fränkel. Herr Salkind dankte mir für die Leistung und spendierte mir einen grosszügigen Zuschuss. Er wollte von mir wissen, wie ich das geschafft hatte. Ich erzählte es ihm und erntete seine Bewunderung.

Aus unerfindlichen Gründen änderte Herr Salkind überraschend sein Verhalten zu mir. Es geschah, als ich eines Tages aus der Mittagspause zurückkehrte und die Sekretärin mir ausrichtete, Herr Salkind habe mich gesucht. Ich rief ihn an, und er forderte mich auf, sofort in sein Büro zu kommen. Auf seine Frage: „Wo waren Sie?“, erwiderte ich, ich sei wie jeden Tag zum Mittagessen zu Hause gewesen. Darauf platzte er wütend heraus: „Sie sind hier nicht in Ihrem Krämerladen!“ Meine Reaktion fiel kurz und bündig aus: „Ja, Herr Salkind, von morgen an bin ich in meinem Krämerladen.“ Ich ging zurück in mein Büro, verfasste auf der Stelle ein Kündigungsschreiben und schickte es ihm durch die

Sekretärin zu. Eine halbe Stunde später erschien Herr Salkind bei mir im Büro und fragte: „Ist das Ihr Ernst?“ Ich bejahte. Er erkannte, dass er einen Fehler begangen hatte, und versuchte mich umzustimmen. Er wollte sogar mein Gehalt erhöhen, nur damit ich blieb. Doch es half ihm alles nichts, mein Entschluss war gefasst, und ich ging mit grossem Bedauern.

Schon bald fand ich eine neue Stelle als Verkaufsagent bei Tekramik, einer Produktionsfirma für Keramikteile im Strombereich. Wir einigten uns auf Provisionsbasis. Das Verkaufslager befand sich in der Kongressstrasse in Tel Aviv und die Fabrik in Nes Ziona. Ich machte meine regelmässigen Verkaufsrunden bei den Elektrogrosshändlern: Sonntags in Haifa, Dienstags in Jerusalem und die übrigen Tage in Tel Aviv. Anfangs war es nicht leicht, zumal ich zwei erfahrene Konkurrenten hatte, die dieselben Produkte vermarkteten. Nach und nach knüpfte ich jedoch gute Kontakte zu den meisten Grossisten. Wenn ich sie aufsuchte, boten sie mir meist Kaffee an, und meine Witzgeschichten trugen nicht wenig dazu bei, Bestellungen zu ergattern. In Jerusalem gab es einen Grossisten namens Lipschitz. Bei meinen Besuchen in der Firma war ich enttäuscht, keine Abschlüsse tätigen zu können. Man erklärte mir, sie hätten Verpflichtungen gegenüber einem Lieferanten namens Mario Cohen, der selbst produziere. Trotzdem kam ich stur jede Woche bei ihnen vorbei. Als man mich schliesslich fragte, ob ich denn die Flinte noch nicht ins Korn geworfen hätte, antwortete ich, ich sei von Natur aus hartnäckig und liesse mich nicht so schnell unterkriegen, und setzte meine Besuche fort. Sie freuten sich sehr über meine Auftritte, und bei einer Tasse Kaffee scherzten wir so fröhlich, dass sie, als ich einen Dienstag ausblieb, sorgenvoll anriefen, ob mir auch, Gott behüte, nichts zugestossen war. Als ich einige Zeit später wieder bei ihnen auftauchte, hörte ich, dass sie zwei Wochen zuvor bei Cohen eine ziemlich grosse Bestellung aufgegeben hatten, aber noch nicht beliefert worden waren. Ich schlug ihnen vor, mir die Bestellungsliste zu übergeben, und falls Cohen die Ware bis Donnerstag nicht liefern sollte (wir hatten Dienstag) würde ich für pünktliche Lieferung sorgen. Wieder in Tel Aviv erteilte ich dem Lageristen Order, die Bestellung fertigt verpackt mit undatiertem Lieferschein zusammenzustellen und sie mit dem Taxidienst Yael Daroma, der Pakete zügig an jeden Bestimmungsort beförderte, in das Sammellager von Yael Daroma in Jerusalem zu schicken, das sich zufällig in der Nähe des Grossisten Lipschitz befand. Dort erteilte ich Anweisung, die Sendung an Lipschitz auszuliefern, sobald ich sie telefonisch dazu auffordern würde. Am Donnerstagmorgen rief ich Lipschitz an und fragte, ob Cohen die Ware geliefert hatte. Die Antwort lautete: Noch nicht, wir bestätigen also unsere Bestellung bei Ihnen und wünschen viel Glück. Sofort rief ich Yael

Daroma in Jerusalem an und erteilte Anweisung, die Sendung für Lipschitz innerhalb der nächsten halben Stunde auszuliefern. Kurz darauf rief mich Lipschitz an mit den Worten: „Sind Sie verrückt? Haben Sie mir die Ware per Hubschrauber geschickt?" Fortan war ich der feste Lieferant der Firma Lipschitz. Als ich erfuhr, dass Tekramik (die Firma besteht längst nicht mehr) in Liquiditätsschwierigkeiten geraten war und in Schulden versank, konnte ich zum Glück noch die mir zustehenden Zahlungen retten, und kündigte.
Nach Verlassen der Firma Tekramik lernte ich einen Herrn Gutmann kennen, der aus Ungarn stammte, lange in Brasilien gelebt hatte, wo er zu Geld gekommen war, und nun mit seiner Familie als vorläufige Einwohner nach Israel übersiedelt war. Er sprach nur Ungarisch. Als er erfuhr, dass ich ebenfalls Ungarisch kann, freute er sich über die Gelegenheit, ein gemeinsames Unternehmen zu gründen. Ich hatte ohnehin vorgehabt, ein Geschäft für Elektrozubehör zu eröffnen, und berichtete Herrn Gutmann über die guten Kontakte, die ich zu Elektrofirmen in Israel und zu Herstellern im Ausland aufgebaut hatte. Die Idee gefiel ihm, und wir führten Verhandlungen für ein Gemeinschaftsunternehmen. Wir vereinbarten, dass ich das Geschäft aufbauen und führen sollte, während er das erforderliche Kapital beisteuerte. Wir nannten die Gesellschaft „Hashbara Ltd", und trugen sie ins Handelsregister ein. Die Aktien wurden hälftig aufgeteilt. Nach kurzer Suche fand ich einen Geschäftsraum in idealer Lage, am Herzl-Hügel (Givat Herzl) in Tel Aviv. Sobald das Nötigste erledigt war, fuhr ich ins Ausland, um das Inventar einzukaufen. Wir beschäftigten einen Mitarbeiter zur Verkaufsförderung, und der Umsatz wuchs von Monat zu Monat.
Eines Tages fuhr ich wieder mal geschäftlich ins Ausland und überliess Herrn Gutmann die Finanzführung. Plötzlich erhielt ich einen alarmierenden Anruf von unserem Angestellten Jossi: Kommen Sie sofort nach Hause! Herr Gutmann hat alle Wechsel eingelöst und das übrige Geld von der Bank abgehoben und ist wieder nach Brasilien abgehauen. Wie sich herausstellte, hatte Herr Gutmann alle seine Möbel in drei grossen Containern nach Haifa verschifft. Da er kein Einwanderer war, sollte er dafür Zoll bezahlen. Vor lauter Wut hatte er beschlossen, die Container zurückzuschicken. Ich erfuhr, dass er kurz darauf in Brasilien gestorben ist.
Herr Dagan, der Generaldirektor der Firma Electro Vista, Vertreterin der deutschen Firma AEG, lud mich zu einem Vorstellungsgespräch ein. Er empfing mich in seinem luxuriösen Büro, in dem Originale des Malers Mane Katz an den Wänden hingen, und sagte: Ich habe gehört, Sie verstehen etwas von Marketing. Und nachdem er mich mit Komplimenten überhäuft hatte, fragte er, ob ich bereit

wäre, den Vertrieb von AEG-Zubehörteilen für Schalttafeln zu übernehmen. Herr Dagan betonte, dass diese Artikel bisher nicht in Israel eingeführt seien, und meinte: Ich glaube, Sie wären der geeignete Mann, um das Zubehör erfolgreich abzusetzen. Zum Abschluss des Gesprächs einigten wir uns über die Höhe der Verkaufsprovision. Innerhalb weniger Monate lief das Geschäft. Ich nehme an, mein Erfolg kam dem Generaldirektor von Elco, Herrn Salkind, zu Ohren, der wohl dachte, wenn ich in einer anderen Firma gut war, wäre ich es sicher auch in seiner. Er rief mich an und lud mich in sein Büro ein. Da ich die Firma Electro Vista ohnehin nicht als zukunftsträchtig ansah, kam ich der Einladung ohne Zögern nach. An der Besprechung nahm auch sein Sohn Gershon teil. Sie boten mir die Position des Vertriebschefs für Elco-Erzeugnisse und Importartikel an. Der Verkauf lief direkt ab dem Werk in Ramat Gan. Ich nahm unter der Bedingung an, dass der Vertrieb in die Tel Aviver Innenstadt verlegt würde. Wir einigten uns über Gehalt und Umsatzprovision. Ich sollte einen passenden Geschäftsraum in der Stadt suchen und fand zwei nebeneinander liegende leere Läden in der Ha'arba'a-Strasse in Tel Aviv. Dem Ladeneigentümer stellte ich zur Bedingung, die Wand zwischen den beiden Ladengeschäften einzureissen, um einen grossen Raum zu schaffen. Er hatte nichts dagegen. Nach Abriss der Trennmauer stellte sich heraus, dass die Fussbodenhöhe der beiden Läden nicht einheitlich war. Um diese Diskrepanz auszugleichen beschloss ich, Teppichboden legen zu lassen, was seinerzeit als Luxus galt. Salkind senior hielt das für überflüssigen Aufwand und Geldverschwendung (und hat den Laden daher nie betreten), aber sein Sohn Gershon ermunterte mich, meine Pläne durchzuführen. Das Geschäft sah wirklich grosszügig aus. Anfangs nannten wir es „Verkaufslager“, später wurde es in „Elcotrade“ umbenannt. Ich hatte die Aufgabe, Bestellungen aus dem In- und Ausland für die Warenpalette beizubringen und neue Lieferanten zu finden.

Die Hannover Messe war für mich die beste Gelegenheit, neue Firmenkontakte anzuknüpfen und natürlich modernstes Gerät zu finden, das bisher in Israel noch unbekannt war. Nach der Messe stattete ich mehreren Firmen Besuche ab. Ein Hersteller von wetterfesten Verteilerkästen aus Glasfasern lud mich zu einem Besuch seines Werks in einer etwa eine Zugstunde von Hannover entfernten Kleinstadt ein. Er holte mich vom Bahnhof ab und brachte mich direkt ins Werk, liess mich dort in der Eingangshalle Platz nehmen und gab mir ein Glas Orangensaft. Der bei der Glasfaserproduktion verwendete Klebstoff stank unerträglich. Eine Weile später führte er mich durch die Fabrik und zeigte mir oberflächlich den Produktionsvorgang. Danach fuhr er mich zum einzigen Hotel am Ort und verabschiedete sich. So hatte ich mir die Begegnung natürlich nicht vorgestellt. Bevor ich den Fahrstuhl betrat, sagte ich: „Warten Sie bitte einen Moment, ich möchte Ihnen für Ihre Frau (die ich auf der Messe kennen gelernt hatte) ein Geschenk aus Israel mitgeben.“ Normalerweise nahm ich Mitbringsel mit christlichem Symbolwert mit. Ich kam wieder herunter, überreichte ihm das Geschenk und verabschiedete mich. Ich stellte mir vor, er würde nach Hause kommen und seiner Frau erzählen: Erinnerst du dich an den Israeli, den wir auf der Messe getroffen haben? Also der schickt dir ein Geschenk. Natürlich würde sie fragen: Wo ist denn dieser Israeli? Hast du ihn zum Essen eingeladen? Das würde ihn sicher in Verlegenheit bringen, dachte ich. Alles lief nach Plan. Ich setzte mich in die Gaststube des Hotels, bestellte ein Käsebrot, und als ich ass, kam der Kellner zu mir und fragte: Sind Sie Herr Graber? Ein Anruf für Sie. Am anderen Ende der Leitung war der bewusste Fabrikant: „Entschuldigen Sie, Herr Graber, darf ich Sie fragen, was Sie gerade tun?“ „Ich bin beim Essen.“ „Dann essen Sie bitte nicht weiter. Wir kommen sofort ins Hotel, und es wird uns ein Vergnügen sein, Sie zum Abendessen einzuladen.“ Seine Frau kam etwas früher und erzählte mir, ihr Mann sei sehr fromm und stehe unter dem Einfluss des Pfarrers, und sie könne sich sein Verhalten mir gegenüber gar nicht erklären. Als ihr Mann eintraf, äusserte er sein Bedauern und bat mich inständig um Verzeihung für sein unpassendes Auftreten. Später sagte er zu mir: „Wie konnte ich einen heiligen Mann (er meinte, dass ich aus dem Heiligen Land kam) kränken. Eigentlich müsste ich Ihnen die Füsse küssen. Der Kellner brachte mir die Speisekarte. Zur Rache bestellte ich nur die teuersten Sachen auf der Karte und liess natürlich das meiste auf dem Teller.

In Hannover knüpfte ich Kontakte zu Firmen in Deutschland, der Schweiz, Frankreich und Ungarn. Bei einer deutschen Firma fand ich Fehlerstromschutzschalter zur Vermeidung von Stromschlägen. Ich nahm einige Muster zur Prüfung mit. Wieder in Israel suchte ich einen Ingenieur des Bauamts auf und zeigte ihm einen solchen Schalter. Seine Reaktion fiel negativ aus, ja dermassen vehement, dass ich trübsinnig wurde und das Büro augenblicklich verliess. Wie sagt man? Köpfchen einsetzen. Ich hatte eine Idee, wandte mich an ein paar Zeitungen und bestellte Artikel über Stromunfälle in Privathäusern. Daraus stellte ich Informationsblätter zusammen. Dann ging ich zur Universität Tel Aviv und suchte mit meinem Schutzschalter das Studentenhilfswerk auf, das auch Jobs vermittelte. Ich schlug vor, Studententeams sollten in Begleitung eines Stromtechnikers Wohnungen abklappern und die Unabdingbarkeit eines solchen Schalters erklären, den der Techniker auf Wunsch sofort installieren könnte. Die Studenten freuten sich über die gute Verdienstmöglichkeit. Und so fuhr ich weiter zu den Universitäten von Jerusalem und Beer Sheva. Zunächst gestattete mir Herr Salkind den Import von nur fünfhundert Stück aus Deutschland. Als ich ihn um Bewilligung für weitere fünftausend Stück bat, wunderte er sich über die hohe Anzahl, stimmte aber prompt zu, sobald ich ihm die Umsatzzahlen vorlegte. Mein seliger Vater wohnte damals in Beer Sheva, reparierte Uhren und fuhr manchmal nach Tel Aviv, um Ersatzteile einzukaufen. Bei einem seiner Besuche kam er zu mir ins Büro. Er staunte, als er den Telex bei mir eingehen sah. Er begriff nicht, wie ich etwas lesen konnte, das man gerade erst in Deutschland geschrieben hatte. Plötzlich fragte mich mein Vater auf jiddisch: „Sug mir, wie hast das alles gelernt?“ – Sag mir, wo hast du das alles gelernt? Diese Frage machte mich etwas verlegen.

Durch die Kontakte zu ausländischen Firmen konnte ich meine Sprachkenntnisse verbessern, im Deutschen wie im Englischen. Nach fünf Jahren bei Elcotrade beschloss ich, zu kündigen und mich selbständig zu machen. Dazu fuhr ich ins Ausland und bewarb mich um die Vertretung von Firmen, mit denen ich vorher Kontakt gehabt hatte. Ich erhielt mehrere Zusagen, stellte entsprechende Verbindungen zwischen den ausländischen Firmen und Elektrikunternehmen in Israel her und konnte einige Grossprojekte anstossen. Ich eröffnete ein Büro in der Bialik-Strasse in Ramat Gan und führte meine Geschäfte von dort. Anfang 1987 erweiterte ich das Büro um einen weiteren Raum, und mein Schwiegersohn Ilan stieg in das Unternehmen ein. Er begleitete mich auf den Fahrten nach Hannover, um die Firmen kennen zu lernen, und wir besuchten auch einige Lieferanten.

Myrtha Hunziker

Von Israel flog ich meist direkt nach Basel und übernachtete im Hotel Victoria beim Bahnhof, wo ich siebzehn Jahre Stammgast war, weil ich von Basel aus bequem nach Deutschland und Frankreich kam und natürlich auch Schweizer Firmen bereisen konnte.

Gegenüber vom Hotel Victoria befand sich ein grosses Geschäft für Unterhaltungselektronik, in dem ich gelegentlich etwas kaufte. Als ich am 25. Februar 1988 wieder einmal den Laden betrat, sprach mich unvermittelt eine gut aussehende Frau im modischen Kleid an und flüsterte mir diskret zu: „Ich muss Ihnen leider mitteilen, dass mein Mann vor sechs Monaten gestorben ist." Ich war so verwirrt, dass ich nur antworten konnte, das täte mir leid, und merkte sofort, dass hier ein Irrtum vorliegen musste. Um der Verlegenheit zu entkommen, fragte ich, wann sie Kaffeepause hätte. Die Antwort lautete, in etwa fünf Minuten. Ich fragte sie, ob wir uns unten im Kaffee zu einem Drink treffen könnten. Sie nickte. Ich ging vom Geschäft geradewegs ins Café. Als sie lächelnd eintrat, erkannte sie sofort ihren Irrtum. Ich fragte: „Wären Sie trotz Ihres Irrtums bereit, einen Kaffee mit mir zu trinken?" Ehe sie noch antworten konnte, stellte ich mich vor: „Ich bin Shlomo Graber aus Israel." Auch sie stellte sich vor: „Ich bin Myrtha Hunziker." Wie sich herausstellte, hatte Myrthas Mann lange mit Krebs im Krankenhaus gelegen. Der Professor, der ihn einige Zeit behandelte, hatte manchmal versucht, Myrtha übers Wochenende einzuladen, was sie mit der Begründung ablehnte, solange ihr Mann lebe, werde sie nicht von seinem Bett weichen. Als er gestorben war, dachte sie im Stillen, jetzt würde ich den Professor gerne wieder sehen. Anscheinend sah ich diesem Professor sehr ähnlich, und so war die Verwechslung entstanden, als ich den Laden betrat. Sie nahm meine Einladung zum Abendessen an. In diesem Jahr entwickelte sich in der Folge daraus eine Beziehung und am 18. Februar 1989 zog ich zu Myrtha, und so leben wir schon an die 24 Jahre zusammen.

Eine Weile führte ich meine Geschäfte von Basel aus fort. Doch da ich nicht mehr in Israel wohnte, schliefen die Verbindungen zu den dortigen Firmen ein, zumal viele von ihnen verkauft wurden oder mit anderen fusionierten.

In Basel beschloss ich, meine Erinnerungen niederzuschreiben. Das Buch wurde aus dem Hebräischen ins Deutsche, Ungarische und Englische übersetzt. Am Schluss des Buches schrieb ich: „Die Fortsetzung ist in Arbeit." Jetzt, nach sieben Jahren, erfülle ich mein Versprechen, und damit habe ich meine Lebensgeschichte abgeschlossen.

1995 begann ich zu malen, und das tue ich bis heute. Meine Werke finden in der Schweiz und auch in anderen Ländern viel Anklang. 2004 eröffnete meine Lebenspartnerin Myrtha Hunziker die *Galerie-Spalentor* in der Spalenvorstadt Basel, wo meine Bilder zu besichtigen sind.

Hiermit schliesse ich endgültig: Es ist vollbracht.

Basel, im Juli 2008

Großvater Jitzchak Silber (Schlomo Graber 1954)

Mein Vater

Mutter Anna Hana Silber in ihrer Jugend

Von links: Bernard, Itzchak, Lili, dahinter Schlajme in Nyírbátor 1937

Schlajmes Familie, in der mittleren Reihe rechts die Mutter mit Levy auf dem Schoß und Bruder Itzchak links daneben in Sátoraljaújhely 1938

Großvater Abraham und Großmutter Scheindel

Malitz (rechts) und Meinshausen beim Prozeß, am 22.4.1948 zum Tode verurteilt

Teilansicht des Konzentrationslagers Görlitz

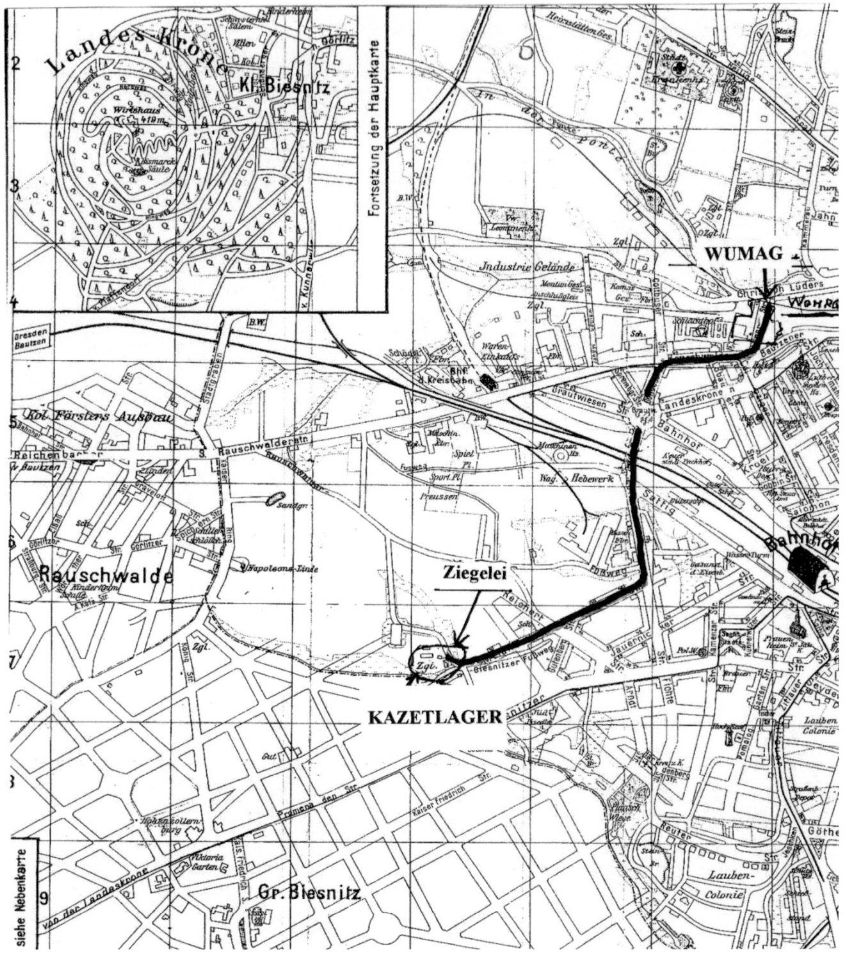


Den eingezeichneten Weg ging Schlomo Graber täglich vom Lager zur WUMAG und zurück.

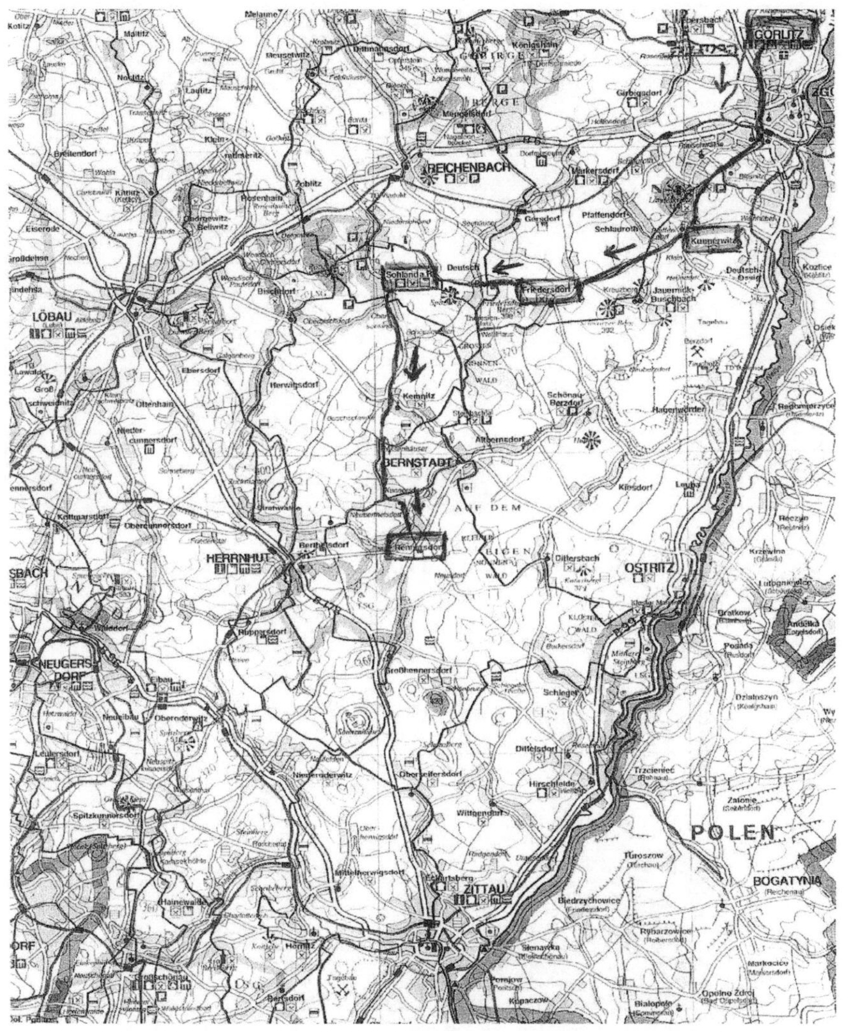


Die Strecke des Todesmarsches mit markierten Haltestationen

Myrtha und Shlomo mit Shlomos Enkelkindern

Myrtha 2006

Shlomo 1948 als Rekrut

Schnee 1950

# Ausgewählte Literatur

P. Anger, Mit Raoul Wallenberg in Budapest. New York 1981.

I. Benoschofsky u. A. Scheiber (Hg.), Das jüdische Museum in Budapest. Budapest 1989.

**R. Bernheim-Friedmann, Ohrringe im Keller - Von Transkarpatien durch Auschwitz-Birkenau nach Israel. Konstanz 2002. (Titel aus der Edition "Shoáh & Judaica" sind hier gefettet!)**

J. Biermann, Raoul Wallenberg. Der verschollene Held. München 1983.

A. Biss, Der Stopp der Endlösung. Kampf gegen Eichmann in Budapest. Stuttgart 1967.

R.L. Braham, The Hungarian Holocaust. Budapest 1990 (ungar.).

M.L. Brown, Our hands are stained with blood. Hungarian translation by Surjanyi Csaba. Budapest 1993 (ungar.).

A. Cohen, Shoa. The Jewish Holocaust (1933-1945). Translated from the French by Peter Eva. Budapest 1994 (ungar.).

D. Czech, Kalendarium der Ereignisse im Konzentrationslager Auschwitz-Birkenau 1939-1945. Reinbek 1989.

Der Kastner-Bericht. München 1961.

J. Derogy, Raoul Wallenberg, Le Juste de Budapest. Paris 1994.

M. ('Mike') Eldar, The People in the Shadows. (Ministry of Defence) Tel Aviv 1997 (hebr.).

M. Ember, Wailing-song. An Anthology. Budapest 1994 (privat publ.).

**D. Guttmann, Schwierige Heimkehr - Leben und Leiden in Ungarn, dann auf der 'Exodus' und zurück über Bergen-Belsen nach Tel Aviv. Jüdische Schicksale 1944-1948. Konstanz 1997.**

**H. Herrmann, Mein Kampf gegen die Endlösung - Von Troppau und Proßnitz durch Theresienstadt, Auschwitz-Birkenau und Dachau nach Israel. Konstanz 2002.**

E. Jäckel et al. (Hg.), Enzyklopädie des Holocaust. 3 Bände. München 1993.

Juden in Ungarn. Kultur - Geschichte - Gegenwart. Eine Ausstellung des Ungarischen Jüdischen Museums, 23.9.-31.10.1999. Jüdisches Museum Frankfurt 1999.

I. Kertesz, Menschen ohne Schicksal. (1985) Berlin 1990.

L. Kertesz, Von den Flammen verzehrt. Erinnerungen einer ungarischen Jüdin; mit einer Dokumentation von Schülerinnen und Schülern der Gesamtschule Stuhr-Brinkum; herausgegeben von Ilse Henneberg. Bremen 1999.

J. von Lang, Das Eichmann-Protokoll. Berlin 1982.

N. Langlet, Kaos I Budapest. (The Swedish Saving Action 1944) Translated from the Swedish by Harrach Agnes. Budapest 1988 (ungar.).

P. Mühsam, Mein Weg zu mir. Aus Tagebüchern. Herausgegeben und kommentiert von Else Levi-Mühsam. Konstanz 1992; Ich bin ein Mensch gewesen. Lebenserinnerungen. Gerlingen 1989 *(zu Görlitz)*.

**Anna Ornstein, Versklavung und Befreiung - Jüdische Schicksale aus Ungarn als zeitgemäße Pessachgeschichten. Konstanz 2001.**

**M. Paldiel, Es gab auch Gerechte - Retter und Rettung jüdischen Lebens im deutschbesetzten Europa 1933-1945. Konstanz 1999.**

R.J. van Pelt u. Debórah Dwork, Auschwitz von 1270 bis heute. (1996) Zürich 1998.

J. Picard, "Motive für die Rettung ungarischer Juden. Die 'Verhandlungen' schweizerisch-jüdischer Kreise mit Himmlers SS in den Jahren 1944/45." In: Neue Zürcher Zeitung, Nr. 265, 12./13.11.1994, S. 87.

**K. Rajk, Den Kampfgeist nie verloren - Jüdische Schicksale aus Ungarn 1910-1999. Konstanz 2000.**

A. Ronen, The Battle for Life. Hashomer Hatzair in Hungary. 1944/1994 (hebr.).

M. Rüb, "Spuren jüdischen Lebens. Die Budapester Elisabethenstadt." In: Frankfurter Allgemeine Zeitung, Nr. 54, 4.3.1995 (Beilage).

M. Schmidt, Kollaboracio vagy Kooperacio? (Collaboration or Cooperation?) Budapest 1990 (ungar.).

**Y. Sher, Zum Frieden unterwegs - Botschaften eines israelischen Botschafters in Österreich, der Slowakei und Slowenien 1995-1998. Konstanz 1998.**

S. Szaboles, Utak a Pokolbol. (Roads from Hell) Budapest 1991 (ungar.).

S. Szenes, Befejezetlen Mult. Keresztenyek es Zsidok, Sorsok. (Unfinished Past. Christians and Jews, Fates) Budapest 1986 (ungar.).

S. Szenes u. F. Baron, Von Ungarn nach Auschwitz. Münster 1994.

M. Szöllösi-Janze, Die Pfeilkreuzler-Bewegung in Ungarn. München 1989.

M. Weinmann (Hg.), Das nationalsozialistische Lagersystem. Frankfurt 1990.

A. Wetzler, Report from Hell. Jelentes a Pokolbol. Dunaszerdahely 1993 (ungar.).

**E.R. Wiehn u. H.M. Wiehn, Dajenu - Tagebuch einer Israelreise. Konstanz 1986/87.**

D.S. Wyman, The Abandonment of the Jews. America and the Holocaust 1941-1945. New York 198

***<u>Nachtrag:</u> Roland Otto, Die Verfolgung der Juden in Görlitz unter der faschistischen Diktatur 1933-1945. Herausgegeben von der Stadtverwaltung Görlitz. Görlitz 1990.***

**Shlomo Graber**

www.shlomo.ch

**Professor Dr. Heiko Haumann**

Ordinarius für osteuropäische Geschichte und neuere allgemeine Geschichte am Historischen Seminar der Universität Basel; zahlreiche Veröffentlichungen.

**Helmut Hubacher**

Jahrgang 1926; 10 Jahre Chefredaktor der Basler Abendzeitung, 29 Jahre Gewerkschaftsfunktionär, 15 Jahre und bis 1990 Präsident der Sozialdemokratischen Partei der Schweiz, 34 Jahre und bis 1997 Mitglied des schweizerischen Nationalrates, seit 1998 Kolumnist der Basler Zeitung und der Schweizer Illustrierten; Autor verschiedener politischer Bücher.

**Dr. Dres. h.c. Erhard Roy Wiehn, M.A.**

Professor im Fachbereich Geschichte und Soziologie der Universität Konstanz; Veröffentlichungen vor allem zur Schoáh und Judaica.

**Lebenslauf von Shlomo Graber - Shlajme**

Ich wurde1926 in Majdan (Tschechoslowakei) geboren. Aufgewachsen in Nyirbátor (Ungarn). 1941 wurde ich mit der Familie als Staatenloser nach Polen deportiert. Im April 1944 wurden wir zuerst ins Ghetto verschleppt, dann im Mai nach Auschwitz. Ausser meinemVater und mir wurden alle Familienangehörigen ermordet.

Weitere Stationen des Schreckens waren die Konzentrationslager Fünfteichen und Görlitz. Am 8. Mai 1945 wurden wir von der Roten Armee befreit.Ich wanderte 1948 nach Israel aus. Seit 1989 lebe ich als Kunstmaler in Basel bei meiner Lebensgefährtin Myrtha Hunziker.